JN029338

リサ・ディオン 著

三ケ田智弘 監訳

重野桂・濱田純子・高橋政憲 訳
丹野佑里・淵野俊二

Aggression in Play Therapy:
A Neurobiological Approach for Integrating Intensity

子どものトラウマと攻撃性に向き合う

ポリヴェーガル理論に基づくプレイセラピー

岩崎学術出版社

目　次

はじめに……………………………………………………………………………………… v

イントロダクション ………………………………………………………………………… 1

第1章　プレイルームでの攻撃性 ……………………………………………………… 5

第2章　新しい視点の探求：攻撃性を受け入れる ………………………………… 19

第3章　神経系を理解すること ……………………………………………………… 29

第4章　調整が真に意味すること …………………………………………………… 45

第5章　外部調整器としてあなたを育てる ………………………………………… 56

第6章　調整の基本 …………………………………………………………………… 76

第7章　セットアップ ………………………………………………………………… 91

第8章　オーセンティックな表現……………………………………………………… 101

第9章　バウンダリー（境界線）を設けること ……………………………………… 113

第10章　激しすぎる神経系の活性化：感情の洪水に対処する ………………… 131

第11章　攻撃的なプレイの観察……………………………………………………… 144

第12章　過覚醒のプレイ ……………………………………………………………… 154

第13章　低覚醒のプレイ ……………………………………………………………… 164

第14章　攻撃的プレイの中での親へのサポート …………………………………… 179

まとめ…………………………………………………………………………………… 191

謝　辞…………………………………………………………………………………… 193

参考文献………………………………………………………………………………… 195

監訳者あとがき ………………………………………………………………………… 199

索　引…………………………………………………………………………………… 203

この本を私のすべての小さなクライエント，生徒，
そして私自身の娘 Avery に捧げます。
彼らは私に困難な状況を乗り越える最良の方法は，
自分とつながり深く息をすることである，
ということを教えてくれました。

はじめに

　今日，かつてないほど子どもたちの脆弱性とレジリエンス（回復力）への認識が広まっています。関係性神経科学（relational neuroscience）は，子どもたちの発達途上にある身体化された脳が，圧倒的な痛みと恐怖の体験にどのように反応するかを明らかにしています。子どもたちはそうした体験をしまい込み，対人的な必要条件が揃ったときにそれが癒されるのを待っているのです。その助けが来るまでは，これら外傷的出来事の記憶が子どもたちの思考，感情，行動，関係性を形作り，そのためしばしば周囲の大人たちが恐怖と混乱を掻き立てられ，ときに報復へと駆り立てられるのは無理もありません。子どもがその苦しみを，怒りや攻撃性というかたちに変形し，表現する場合はなおさらです。

　それでは，このような子どもたちを助けるには一体どうしたらいいのでしょうか？　2年前リサに初めて出会ったとき，彼女は私たちが「常識」と思っていることを捨てて，攻撃性に新しい価値を見出したことがはっきりわかりました。攻撃的行動を矯正すべき悪いものと見なすのではなく，どうしようもない恐怖や痛みを味わった子どもたちが，必要に応じてとった適応戦略であると理解していたのです。すなわち，怒りや攻撃性を，私たちが苦痛を表現し，自分自身を守るためのまっとうな手段の一つとして位置づけたのです。これはとても素晴らしいことで，もしかすると癒しをもたらす可能性に満ちた考え方です。感情神経科学者の Jaak Panksepp もこの考え方に同意しています（Panksepp & Bivens, 2012）。耐え難い怒りは，私たちの感情的生活の根源にあるもので，悲しみと恐怖で孤独を感じるときに特に刺激される7つの感情的動機づけシステムのうちの1つであると述べています。それは凍りつきへと崩れ落ちる直前の，最後の助け

を求める叫びとなります。そして，私たちがどれほどの痛みや恐怖に耐えているかを如実に示す，強力なコミュニケーションなのです。

　リサが本書で教えてくれているのは，子どもたちが示す行動に彼らの内面を見て，行動を変えたり修正したりするのではなく，彼らと「共にいる」ということです。これは攻撃性を迎え入れ，それを通じてワークをする，つまり攻撃性をプレイセラピーにおけるトラウマ治癒の入り口にするための，基本的な方法なのです。一方，攻撃性の探求を止めてしまうことは，トラウマのパーツを無視して統合されないままに留めることになります。Stephen Porges のポリヴェーガル理論の知見に基づいて彼女の仕事を説明すれば，攻撃性のような過覚醒状態を治療関係に抱え込むことで，調整や統合への糸口としているというふうに言えるでしょう。

　本書でリサがフォーカスしている2つ目の重要な点をお話ししましょう。私たちセラピストは，子どもたちがプレイルームに持ち込むものを何でも抱えられるように，攻撃性にはどのように備えればいいのか？　ということです。これについてリサは，セラピストに対して，豊富な知識と共感的なサポートをもって答えています。自分が攻撃性に曝されたり，自分自身が攻撃性を持つという経験は，私たちの存在を揺さぶり不快感を覚えるものだと彼女も認識していますが，そのような，蓄積された感情と高いエネルギーに満ちた行動と共に存在することにセラピストがチャレンジすることを，彼女は決して見くびりません。むしろ，私たちが子どもたちと共にいて，外部調整器として協働調整ができるのに必要なこと，マインドフルネス，呼吸，動作，大切な内なる気づきを洗練させるための内的状態の言語化，さらに耐性の窓の拡張といった提案をしてくれています。自律神経系がトラウマと対人関係にどのように反応するのか，またトラウマ記憶がいかにして物語や内省や実践と統合されうるのか（左脳にとっての食料，右脳にとっての栄養素として）。こうした知見に関する確かな情報を組み合わせて，彼女は，私たちの能力が子どもにとって信頼できるリソースとして高められるための明確な道筋を示してくれています。

　彼女はこれを基盤として，私たちがやりがいのある仕事において信頼を置くことのできる，心強いスキルの数々を，多岐に亙り織り込んでくれています。ここで主に述べられているのは，プレイは単なる遊びであるということを心に留めながらも，セラピストがプレイに参加しているときも，または観察者となっているときも，そこで体験していることについてオーセンティックな真実を率直に語る（「怖い」「なぜ彼らが戦っているのか理解できない」）という実践についてです。この実践が，子どもたちに自分の声がセラピストにしっかり聞こえていることを知らせ，またこうした状態を調整する方法の見本を示すような，共鳴力という考え方の中心にあるのです。私たちセラピスト自身が耐性の窓による大いなる抱擁で活性化を保つことができれば，私たちの小さな子どもたちも同じことを身に着けられるということです。そして，バウンダリー（境界線）は何より圧倒されそうなセラピストにとって役立つということ，私たちを「完璧であること」という重荷から解放するために傷つきと修復の循環を継続するということ，さらに過覚醒の神経システムを癒すために不可欠なスキルとしての「死が表現されるプレイ」について，彼女は実践に基づき述べています。しかし，とりわけ彼女が強調する信念は，癒しの空間を一緒に作り上げるための二者関係の力なのです。この本は，知恵，希望，サポート，そして寄り添いに満ちています。これらは，とても脆くまた回復力のある子どもたちの癒しに，私たちが奉仕するために必要なエッセンスなのです。

Bonnie Badenoch
Vancouver, Washington
2018年7月1日

イントロダクション

　2002年，私はセラピストとなってから初めて，プレイルームに足を踏み入れました。興奮と同時に恐怖を感じたことを覚えています。他のセラピストと同じように，十分なトレーニングを積んだわけではありませんでした。インターンシップがきっかけで，子どもたちと治療的にワークをする世界に飛び込んだものの，遊ぶ他には何をしたらいいのか，まったくわかりません。それでも私の手助けを待っている9歳の子どもと，なんとかしてつながろうとしました。そして，彼の痛みを癒そうと試行錯誤するうちに，私はその方法を知ることになったのです。

　やがて，多くの子どもたちとのワークを重ねるようになってからは，可能な限り多くのプレイセラピー理論とモデルを学び，それらを取り入れようと努めました。専門書をひもとき，カンファレンスにも出席し，1週間におよぶ集中訓練にも参加しました。子どもたちとワークをする方法を学びたいという一心でしたが，いずれの学びも，私にとって必要な何かがまだ足りない感じがしたのです。やがて学びが深まると，気がつきました。私はプレイセラピーが効果を発揮するのはなぜか，それはどのようにしてなのかを探求しようとしていたのです。そして，この認識を持つことによって，子どもにより深いレベルの癒しを提供できると感じられたのです。

　私のセラピストとしての旅は，養子縁組機関から始まり，児童養護施設，ソーシャルサービス，治療チーム，学校のカウンセリングルーム，孤児院，病院の設定，そしてついに自分自身のプレイセラピーオフィスへとたどり着きました。しかし，私がどこへ行くのかにかかわらず，トラウマのある子どもたちは私を見つけ出しました。彼らは攻撃性に苦しんでいました。もしかすると，向こうからやってきたというよりも，お互いが近づいて出会ったのかもしれません。

　この本で取り扱っているテーマは，すべてのプレイセラピストが体験し，そして誰もができれば向き合いたくない問題——攻撃性についてです。攻撃性は，とても恐ろしくて圧倒的なものなので，現実から目を背けてそんなものは存在しないと思い込みたくなることもあるでしょう。攻撃性が現れたら，少なくとも止めさせるか，そこから逃げたいと思うはずです。なぜなら，攻撃性は私たちをとても脅かすものなので，本能的な衝動でまず止めようとするからです。

　それから皆さんに言っておかなくてはならないことがあります。私は子どもたちをサポートするために，プレイルームに攻撃性が現れたときの対処をしっかりと学んだつもりでしたが，それらはほとんど用をなさなかったということです。さらに，当時は攻撃性とのワークというジャンルに特化したトレーニングや著作は，ほとんどありませんでした。ただ私に教えてくれたのは，子どもたちと，私自身の直感でした。

　私たちが生活している社会・文化では，攻撃性は悪いものだと子どもたちに教えています。この，子どもたちが学校や家庭で受けている攻撃性にまつわる教育は，彼らの行動原理となります。私は長年子どもと関わってきた経験から，行動から子どもの姿をとらえることはできないと考えています。長きにわたり子どもたちが私に教えてくれた大切なことは，子どもの行動の背景を見るということです。攻撃性は内なる恐怖と調整不全の延長であり，それを駆り立てるのは子どもたちが捉えた自分自身であり，また周りの世界であるということを教わりました。さらに，彼らの変容を手

助けするには，“彼らに対して何かをしようとする”のではなく，“彼らと共にどのように存在するのか”が大切であるということも教わりました。

　神経科学と対人神経生物学の領域が徐々に広まるにしたがい，たくさんの知見が，クライエントが長年にわたって私に教えようとしてくれたことや，プレイルームで私が直感したことを，説明するための言葉を与えてくれました。すなわち，セラピストが攻撃性に向き合うことを恐れず，オーセンティックな自分を保ち外部調整器となることが，攻撃性を変容させるカギであるということです。今や行動修正の枠を超えて，クライエントの脳と体で何が起こっているのかを理解することにより，統合のまったく新しい可能性が開かれ始めたのです。

　歴史上初めて，私たちをより深い関係性へと導くために，クライエントの内側，セラピストの内側，そしてクライエントとセラピストの間で起きていることについての研究と理解が得られました。これにより，私たちはより深い変容を可能にするような方法で，攻撃性を取り扱い，激しい感情を統合することができるようになりました。

　この本こそ，6年前の私の書棚に欲しかった本なのです。本書の内容の一部は，自費出版した最初の私の著書 “Integrating Extremes: Aggression and Death in the Playroom” にすでに書いていることもありますが，今あなたが手にしているこの本は，その内容を更新し改変したバージョンです。より多くの物語，より多くの洞察，そしてより多くの神経科学の知見で満たされています。

　本書を読み進めていくと，あなたが接している子どものクライエントのためになることはもちろん，あなた自身のためになることも発見すると思います。攻撃性は，プレイルームの中にいるセラピストとクライエントの両方に影響を与えるからです。子どもたちの攻撃性を軽減する方法についてのテクニックとアイデアをたくさん取り扱った本もありますが，それらはいちばん大切な部分を見落として均衡を欠いています——それは，あなた自身の存在です。セラピストは，子どもたちと共に毎日セラピーの最前

線にいて，子どもたちの遊びや物語にともなう激しい感情を身体で受け止めています。つまり，セラピストは燃え尽き症候群や共感性疲労を起こすリスクにさらされているのです。そこで本書は，子どもたちが攻撃性を統合するのを助ける方法を扱うだけでなく，セラピスト自身の健康と神経系の調整をサポートする具体的なワークの方法も提示しています。

　私の目標は，セラピストたちに知識を提供しつつ，プレイルームの中であなた自身も大切にしていいのだと思ってもらえるような本を書くことでした。これまで，セラピストが自分の調整と自分との深いつながりを保ち，自分が自分でいることを許したとき，「魔法」が起きるのを何度も目撃してきました。私たちがより深い知恵によって導かれるのは，"すべき"という思考を超越した瞬間なのです。

　しかし，感情や感覚から離れる，また避けようとすると，あなたは自分自身の存在と，自分の中心を見失ってしまいます。だから私は皆さんに，怒り，攻撃性，その他の激しい感情にぜひ向き合ってほしいと思うのです。そして，それらを受け入れてください。それらとうまく踊る方法を学びましょう。あなたがそのエネルギーを変容させ，あなた自身とあなたのクライエントの新しい可能性となるように。あなたの確信と存在を呼び覚ませるよう，攻撃性にまつわる思い込みの限界を超越するために。

　本書こそ，私たちのクライエントと私たち自身の深い癒しをもたらす可能性に満ちたものなのです。そして，攻撃的なプレイをナビゲートするのに役立つツールを，あなたに提供できれば幸いです。それから，この本のどこかであなたが希望と新しい可能性を見つけることを，こころから願っています。

　この旅の道中では自分にやさしくしてほしいと思います。なぜなら，あなた自身が，プレイルームの中で最も重要な「おもちゃ」なのですから。

第1章
プレイルームでの攻撃性

　突然，剣が飛んできました。私は素早くかわして打撃を防いだものの，その5歳の子の動きについていくのがやっとでした。だんだん圧倒されそうになってきました。このエネルギーの激しさに，私の脳は「自分を守りなさい，自分を守りなさい，自分を守りなさい」というアラームを鳴らし続けました。数分後，頭に何か硬いものが当たったことに気づきました。その痛みですぐに我に返ると，彼が使っていたのが本物の剣ではないことがすぐにわかりました。私は沸き上がるオーセンティック^{訳注1)}な反応を抑えられず，涙を流しながら床に崩れ落ち，"怖いわ……"と，うっかり口に出してしまいました。その時，この小さな男の子は——DVを目撃し，その被害にもあっていたのですが——私の目を覗き込むと，自分の武器を床に置いて，膝に乗ってきたのです。「僕も。僕も」と言いながら，ゆっくりと前後に揺れ始めました。その瞬間，私は，彼の世界をやっと理解し，

訳注1) オーセンティック，オーセンティシティ：真なる，本当の，本音の。今後でてくる"オーセンティックに関わる"とは，腹側迷走神経系を働かせながら，自分が今どの状態（交感神経優位か背側迷走神経優位か）にあるのかを気づいて，自己調整しながら，子どもやプレイそのものに関わったり，あえて関わらなかったりすること。たとえば，子どもが興奮してセラピストを叩いてきた際に，セラピストが怒りで反応したり，フリーズしたままでいたりするのではなく，セラピスト自身が身体で起きていることや自らの怒り，フリーズ反応に気づき，自己調整をしたうえで，子どもの興奮状態をおさめていくような関わりを行うこと。

心の底からそれを感じたのです。

　カルロスとのセッションでは，あまりに気持ちが押しつぶされそうになると，私は今ここに留まる能力を失いました。感情があふれてばんやりとしました。そして頭への一撃で私は正気に返りました。しかし，このショックと痛みは非常に強烈だったので，ついに私はオーセンティックな反応を封じ込めることができなかったのです。そして，カルロスは私が涙を流しながら床に崩れ落ちているのを見ることで，私という人間が確かにここにいて，彼の恐怖を理解したということに気づいたのです。実際，その時に私たちのセラピーの方向性は一変しました。彼のトラウマ的なプレイは，通常のプレイセラピーへと十分に統合され攻撃性が小さくなり，私たちの関係性は私が思ってもいなかったレベルにまで深まりました。またその経験は私に，攻撃的プレイやバウンダリー，セラピストの自己ケアに関して，奥深い探求へと導いてくれました。

　一方で私は，スーパーバイザーやワークショップの指導係として，攻撃的プレイに関する数百人のセラピストの混乱や，感情的な奮闘についての物語を聞きました。彼らはまた，自分たちの子どものクライエントを手助けするために，身体的な痛みに耐えているということを切々と語ったのです。それは，プレイセラピーのセッションがどれほど，ソードファイト訳注2)や殺人，死んだふり，手錠をはめる，閉じ込める，爆発，手足の切断，病気がちの赤ちゃん，性的な侵入，身体的な虐待といったプレイにあふれているか，という物語でした。私はこの内容についてワークショップで教示する時には常に，プレイセラピーのセッションで怪我をしたことがあるか，もしくは怪我をしそうになったことがあるか，参加者に挙手をしてもらいます。その時々で変わりますが，だいたい90％以上の参加者が手を挙げます。私はこれまで，セラピストたちが，プレイセラピーのセラピスト志望であってもなくても，プレイルームでの自分の役割を疑い，ま

訳注2) ソードファイト：おもちゃの刀で切り合いをする遊び。

たもっと重要なことですが，自分自身を疑う声に耳を傾けてきました。分かります。私もまた，そうしたジレンマと闘ってきたのです。

　プレイセラピストになった当初，私は非指示的アプローチと指示的アプローチの両方で，高レベルのトラウマを扱う能力があると自負していました。しかし，このような攻撃的プレイに立ち会ったり，また自分がセッションを行ったりする場合に，強烈なエネルギーをどう受け流せばいいかということは，誰も教えてくれませんでした。だから，セッション後はだいたい消耗していて，疲れて，動揺したりもしていました。その一方ではまた，一緒に活動している子どもが変化していることや，力づけられていることにも気づきました。彼らのプレイは統合され，症状も軽減されていったのです。とはいえ，いくら彼らを癒す手助けになりたいとしても，サンドバッグや「トラウマのゴミ箱」みたいにはなりたくはありませんでした。私の神経システムにとっては，子どもの攻撃的プレイを見ること，また直接その攻撃性を体験すること，どちらも相当な不快を伴うものだったからです。したがって，もし何かを変えなければ，共感性疲労や，燃え尽き症候群，さらには大きな痛手を負うリスクがあると感じていました。

　真なる瞬間——カルロスとのセッションで頭を打たれたときのような——が，自分の身体から聞こえたメッセージと一緒になって，私を旅へと促したのです。この道のりは，子どもたちと，セラピストである私自身にとっても助けになる方法を使って，どのように彼らを癒すのかを，探究する旅なのです。私は直接，間接を問わず，一緒にワークした子どもたち，そして私と同じような混乱を大きな勇気をもって共有してくれたセラピストたちのおかげで，攻撃的プレイについての新しい観点をもつことができました。それをみなさんとともに分かち合いたいと思い，この本を書きました。

期待される新しいパラダイム（理論）

　本書では，人間の神経系と対人神経生物学を知ることから，攻撃性を考えます。この視点から攻撃性を考えると，子どもの身体は，トラウマ的な記憶や感覚を処理するために働く，交感神経の過覚醒状態と副交感神経における背側迷走神経系の低覚醒状態を，統合しようとしていることがわかります。この知識は，子どもの神経系の統合を促進するにあたり，セラピストが務める役割，つまりどのように神経系の調整と再構築を支えるかを理解するうえでも大いに役立ちます。いずれも攻撃的プレイを治療的なものにするために必要な要素なので，この本のいろいろな箇所で取り上げています。

　本書の読者として想定しているのは，高い水準での神経系の活性化と攻撃性を示すプレイをする**3歳～12歳の子ども**を対象に働いている，メンタルヘルスの専門家です。プレイは単純な子どもとの遊びではありません。ソードファイトを立ち回り，手錠で拘束されたまま銃で撃たれ，暴力的なプレイを見ながら，自分の存在を保ち，活性化した神経系の促進をするということは，並大抵のことではありません。きっと私たちは，プレイルームでのエネルギーを抱える限界にすぐに達してしまい，しばらくの間（あるいはもう少し長く）我を失うことになるでしょう。本書ではそのようなプロセスにあっても，あなたが最もオーセンティックな部分とつながりながら，子どもたちを深いレベルで落ち着かせられるよう，いつでもあなた自身に戻れる方法を提示しています。それは子どもの深い癒しを促進しながら，プレイルームの中で，オーセンティックで居続けるための「**アート（技芸）**」と言えるでしょう。この本で主に焦点を当てているのは，プレイルームでの攻撃性によって生じる神経系の活性化についてですが，総じて子どもは，生物学的に言っても，知覚していることを表現することによって，高覚醒と低覚醒の状態を統合しようとします。そのため，この本で学

ぶことは，大きな困難を抱えているクライエントだけでなく，すべてのクライエントに対して役立つのです。

　私たちの多くは，すでにプレイセラピストになることを決めていると思います。なぜなら，子どもたちを支援したいと，心から望んでいるからです。それは，子どもたちを癒したいという切なる想いに導かれるものです。けれども時々，この仕事の宿命のように身体的，情緒的な傷つきを体験してしまうことがあります。本書で提案しているのは，そんな私たちを助けてくれる新しいパラダイムなのです。攻撃的プレイにおいて，活性化した神経系に反応してシャットダウンしたり，傷ついたりせず，オーセンティックにワークすることができる理論です。そしてこれは，子どもたちの攻撃性の統合を支援する際の，最初のステップにもなるものです。

　この本で学ぶことは，私たちのこころの動きと神経科学に基づいています。ですから，攻撃的プレイを治療的にするためのガイドであるのはもちろん，活性化とそれがあなた自身の神経系に与える衝撃の取り扱い方を理解するための指針にもなるでしょう。とはいえ，ただそのとおりにすればいいという「レシピ」でないということは，学びが深まるとわかるはずです。つまり，プレイルームであなたに訪れる「ある瞬間」に，どうやってうまく合わせていくのかは，あなた自身にかかっているのです。

基礎を知る

　本書は，「遊び（プレイ）」がもつ治療的な効果と力を重要なものと認め，尊重しています。「遊び」は，情緒的な健康やコミュニケーションを促進し，人間的な力を増大させ，子どもの社会的な関係を築く力を高めることができるものです（Schaeffer & Drewes, 2012）。そしてプレイセラピーは，子どもの発達に適した治療的介入として，心理療法において一定の位置を占めています（Bratton & Ray, 2000: Bratton, Ray, Rhide, & Jones, 2005）。

　しかし，本書の内容を理解したからといって，基本的なプレイセラピーのスキルが身に着くわけではありません。あくまでも，あなたがすでに知っているプレイセラピーを補うものです。ある読者は，指示的アプローチのトレーニングを重点的に受けているかもしれないし，他の読者は非指示的アプローチのトレーニングをたくさん受けているかもしれません。いずれにしてもそのセラピストによりけりですが，私の場合——もしかすると本当は，もっと抱え込んだり，プレイ中に子どもを落ち着かせるために必要なときは指示的になるほうがいいのかもしれませんが——どちらかというと非指示的になる傾向があります。したがって本書の事例は，自然と非指示的なものになっていますが，どれも指示的アプローチに統合して差し支えありません。私は「**すべての子どもに合った万能なモデルはないし，子どものプロセスはその時々によっても必要なアプローチは異なるので，それぞれのやり方を知っておくことが大切**」というふうに考えてやっています。

プレイセラピーだけでは十分でないとき

　これから私が伝えようとしている理論は，あなたがセッションをしているほとんどの子どもたちのケースで，現在のトレーニングに枠組みを与え，子どもたちがトラウマ的な体験を統合する手助けとなります。自分の神経系が発する共感性疲労のサインを最小限にし，安全を保てるようになるのにも役立つでしょう。その他のケースでは「パズルのピース」のように，足りない部分にはまっていくかもしれません。ただ，当然子どもによってニーズが異なるので，プレイセラピーだけでは不十分である場合があることも，こころに留めておいてください。たとえば，強烈なトラウマ的体験をしてきた子どもたちは，集中して家族的プレイセラピーを行うのみならず，作業療法や言語療法，学習支援などを追加する必要があります。

さらに彼らの養育者にも，しっかりとしたペアレントサポートをしなけれ
ばならない場合がほとんどです。私たちセラピストが子どもを支えるとき
は必ず，家族や養育者とつながりをもって，彼らの求めにも応じて支援や
手段を提供しなければなりません。なぜなら，彼らもまた，この「長い旅
路」を行くための伴走者を必要としているからです。いつこのような追加
支援や援助を導入するのかは，あなたのベストな臨床的判断によって見極
めてください。そして最後に伝えたいことがあります。それは**あなたもま
た，たった一人でこのワークに取り組んでいるわけではない**ということで
す。セッションで体験したことを振り返る手助けをしてくれる，スーパー
バイザーやピアサポーターを捜しましょう，このワークはそれほど簡単な
ものではありませんので……。

Synergetic Play Therapy

　本書で説明する理論の多くの部分は，私自身が考案して指導している
Synergetic Play Therapy に基づくものです。私自身のプレイルームでの
話や，このモデルの原則のいくつかを参考にして，攻撃的な遊びの最中
にセラピストと子どもの間で起こっていることを探求していきます。あ
なたが Synergetic Play Therapy のセラピストになる必要はありません
が，本書の趣旨を理解するためにこのモデルを学習すると良いでしょう。
Synergetic Play Therapy は，神経系の調整を伴う「遊び」の治療的効果，
対人神経生物学，物理学，愛着（アタッチメント）理論，マインドフルネ
ス，そしてセラピストのオーセンティシティを組み合わせたものです。ま
たこのプレイセラピーは，子ども中心主義，経験主義，さらにゲシュタル
ト理論の流れをくむものです。
　Synergetic Play Therapy はプレイセラピーのモデルですが，しばしば
自分自身と他者との関係性の在り方としても参照されることがあります。

つまり，生活の様々な場面にも応用できる包括的な理論といえます。くわえて互換性もあり，他のセラピーのモデルを取り入れることもでき，非指示的・指示的，どちらのアプローチにも応用できるものです。本書の情報は，どのようなタイプのセラピーであっても，あなたの実践を深めるために活用することができます。また，プレイルームでの自己理解を大きく発展させ，どのように攻撃的プレイを進めていけば，あなた自身や子どもに「本当の意味での癒し」がもたらされるのか，その方法を提示しています。（このモデルのより詳細な情報は **synergeticplaytherapy.com** を参照してください。）

神経系が活性化した状態でのプレイ

攻撃的プレイにおいて，セラピストとして私たちには主に二つの役割が求められています。一つは，「劇的なプレイ」の**積極的な参加者**になるということです。たとえば，ソードファイトや銃撃戦，逮捕され手錠につながれたり，傷を負わされたり，殺されたりする，といった激しいプレイが含まれます。もう一つは，攻撃的プレイの**観察者**となることです。箱庭の中で大規模な戦争を行う，作品を通して激しいイメージを作り出す，ブロックを積んでそれを蹴る，ぬいぐるみに殴り合いをさせる，傷ついた人形を独りにしたり無視したりする，といった場面を観察するということです。そして，プレイに参加するか観察するかによらず，そのあまりの強烈さに，私たちの神経系は交感神経（過覚醒）と副交感神経における背側迷走神経系（低覚醒）の両方が活性化させられます。この両極の反応状態はどちらも不快であるため，本能的にこの感覚を避けようとします。

セラピストであっても，強烈なエネルギーに向き合うのを不快に感じるのはふつうですし，ましてや何が起きているのか，それが何を意味しているのかわからなければなおさらのことです。率直に言うと，とても恐ろし

いことでしょう！　もしプレイの強烈なエネルギーによって，あなた自身の生育歴についてネガティブな連想が起きたり，似たような体験を想起させられたりしたら，より恐怖が強まり，自分の防衛パターンがプレイの中でも展開されます。ただこれは一般的なことであり，想定内のことです。攻撃的プレイをうまく進めていくのは，神経系を活性化させないようにしたり，避けたりすることではありません。あなたが体験していることに向き合えるよう，自分自身や過去の経験との付き合い方を学習することであり，それが神経回路や防衛パターンを変化させるための機会ともなるのです。その恐怖の中でも自分とつながって留まる方法を身につければ，体験していることを統合し，管理することができるでしょう。本書で伝えていることはすなわち，**あなた自身ができるように身につけて，それと同じやり方をクライエントにも教えるための方法**なのです。

　あくまで私の意見ですが，多くのセラピストたちは，攻撃的プレイを治療的にする方法を十分に教育されていません。そのかわりに教えられてきたのは，攻撃性を止めたり，制御したりする方法ではないでしょうか。また，共感性疲労を起こしたりバーンアウトしたりしないよう，自分たちの身体の中で活性化した神経系を調整する方法も，なかなか理解されていません。これは長年この領域で働き，国内および海外で，個人開業や行政機関，福祉サービスの分野，病院，スクールカウンセラーに対し，スーパービジョンやトレーニングを行い，観察したことに基づいています。そして，これが私自身も含めた多くのセラピストに，少なからず影響を与えていたことに気づいたのです。セラピストといえども超人ではないので，神経系の活性化が高いレベルに達せば，プレイルーム外の生活にも影響を及ぼします。私自身も，神経生物学や心がどのように働いているかを理解し，セッションの中に調整機能を活用する方法を知る前は，「ただ打ちのめされた気分の45分間ね……」と思いながらプレイルームを後にすることはざらで，「こんなのもうたくさん！」としか感じない時もありました。それどころか，一人になっては思い出し，子どもたちに腹を立てることさえあ

りました。こんなふうに揺さぶられた感情は生活の他の場面にも溢れ出し，私だけでなく愛する人たちまでをもイライラさせてしまい，徐々に圧倒されている感じがするようになってきたのです。

　この経験からわかったことは，私たちセラピストはセッションでの出来事とうまく付き合っていかないと，シャットダウンしたり圧倒されたりすることに時間を無駄使いしてしまい，燃え尽き症候群（バーンアウト）や共感性疲労のリスクに自らを追いやってしまうということです。放っておくと，悪夢を見るようになったり，愛する人に噛み付いたり，オフィスを出てもクライエントのことが頭から離れなくなり，他にも，鋭感になるかまたは感情を麻痺させるといった反応が頻繁に起きます。そして抑うつの症状や兆候が表れたり，自分の感覚を切り離そうと過剰に分析的になり，執拗に子どもたちに起きていることを理解しようとしたりするかもしれません。これらは全て，神経系の調整不全によって起きる症状です。つまり，私たちの知覚や調整の欠如によって，神経系に不調を来しているということとです。

あなたは独りではありません

　もし，圧倒されてシャットダウンしたり，身体は疲労困憊な上に寝不足気味で，クライエントに会うことに怯えていたとしても，決してあなたは独りではありません。想像してみてください。あなたは一つ前のセッションが終わって，活性化した神経系や自分の身体に徐々に広がっていく疲労を感じながら，スケジュール帳を広げています。そこで，こんなふうに思ったことはありませんか？「うわ！　4時にはジョニーと会わないといけない……」。もしそういう経験があれば，私が何を言おうとしているのかわかるかもしれません。そう，こんなふうに思うのは普通のことで，**誰にでもあること**なのです。覚えておいてほしいのです。私は未だに，キャリ

アのどこかの時点でこの葛藤を経験したことがないセラピストに会ったことがありません。ではなぜ，この反応が普通に起きることなのでしょうか。それは，私たちの脳は，直感的に安全が脅かされていることがわかると，攻撃性を潜在的な恐怖として認識するようにできているからです。ですから，たとえプレイセラピーであっても，クライエントが私たちに向かって拳銃で撃ちながら部屋を走り回ったり，おもちゃを投げたり，死んだふりをさせたり，攻撃的プレイを展開すれば，身体が委縮するのは不思議なことではないのです。

探求はあなたから始まります

　活性化した神経系を統合し，攻撃的なプレイを治療的にするには，まずセラピストであるあなたからそれを始める必要があります。これは本書で一貫して強調していることです。もしこれまで，セラピストの仕事はクライエントと距離をとり，自分が体験していることは横に置いておくと学んでいたら，大きくパラダイムシフトしなければなりません。ここからは，**攻撃的プレイを治療的にするための鍵があなた自身である**ということを，あらゆる研究や神経生物学を根拠に説明していきます。以降の章ではその手がかりとして，セッション中にあなた自身の内面で起きていることに対処する方法をお伝えしようと思います。そして，プレイルームで表現される攻撃性こそが，あなたが何をすべきかを教えてくれるものなのです。準備ができたら本書の探求へ——あなたの**パラダイムシフトの旅**に出かけましょう。

トラウマ処理のためのおもちゃを選ぶ

　長年私はプレイルームで，ありとあらゆる「**攻撃性のあるおもちゃ**」を見てきました。たとえば，プラスチックのナイフや拘束具，サンドバッグ，いろいろなタイプの剣，そして3インチ（約7.5cm）の水鉄砲から，音まで本物そっくりなプラスチックのマシンガンと，多岐にわたるものです。しかし，おもちゃの「見た目」と，おもちゃを使ったワークの「深さ」との相互関係を見出すことはできませんでした。様々な理由で抵抗が強くなっていく子どもを見てきましたが，決してそれはおもちゃ自体によって生じるものではありませんでした。

　子どもたちは，使えるものならなんでもセッションのために使います。私は他のセラピストに，**子どもたちがトラウマ的記憶や感覚を処理するのに，攻撃性のあるおもちゃを使うことを勧めていますが，見ためが本物そっくりでなければならないとは思いません**。たとえば，3インチの蛍光性の水鉄砲を本物のマシンガンのように使うこともあります（ただし，本当に水鉄砲として使う以外は，必ず穴に合成粘土を詰め，ストッパーを外してください）。また，本物の武器のように見えないおもちゃを使うからこそ，むしろ攻撃性をプレイルームの中だけに保持しておけるということが大切なのです。なぜなら，プレイの要点は，リアルな銃でセラピストを撃つことにあるのではなく，攻撃性を伴ったエネルギーの統合を促進することにあるからです。

　したがって，プレイルームに本物そっくりのおもちゃを揃えようとする必要はありません。どのおもちゃを置くべきかを考えるときは，その役割を果たすことができるおもちゃかどうかを考えるとよいでしょう。たとえば，剣として最適なのは，半分にカットして一対にしたプールヌードル^{訳注3)}

訳注3）プールヌードル：スポンジやウレタンでできた，浮力のある長い棒。水泳用の浮き具として使われるほか，遊び道具としても使われる。

だということを私は発見しました。安く手に入りますし，多くのおもちゃの剣のようには折れ曲がりません。なにより，叩かれてもあなたが傷つくことはありません。プールヌードルの剣を盾の横に置いておけば，子どもたちはそれらを何に使うか確実に理解できるでしょうし，剣に見立てられないなら違う遊びに使うことができます。

　プレイルームに置く攻撃性のあるおもちゃの種類をしっかりと検討することは，親や養育者に対してより効果的な働きかけをするためにも意味のあることです。ほとんどの親は，どこかのタイミングでプレイルームを見ます。攻撃性に対して不快感を抱く親なら，あなたが置いたおもちゃがあまりに攻撃的だと，受け入れ難い気持ちになったり恐怖感を抱いたりするでしょう。攻撃性があってもあまり威圧的ではないおもちゃなら，親の恐怖反応を引き出すことなく，治療を促進することが可能になります。また，親や養育者が攻撃性のあるおもちゃにナーバスになるようなら，それらのおもちゃを除外するオプションがあるとよいでしょう。子どもたちは，特定のおもちゃを利用できるかどうかに関係なくワークを行うでしょう。もし彼らに攻撃的なワークをする必要性があるのなら，マーカーペンをナイフに変えたり，レゴで銃を作ったり，人差し指と親指を使ってあなたを撃ったりするはずです。あるいは，こうした攻撃的プレイがプレイセラピーのプロセスとして重要であることを，あらかじめ親や養育者に説明した上で実施することも，オプションとしてありえることです。

　ここまでいくつかの基礎を説明してきました。プレイルームでの攻撃性を探索しに行くために，あなたにとっての「剣」と「盾」，そして「ヘルメット」を持ちましょう。

第1章キーポイント

- プレイセラピーにおける攻撃性を神経系と対人神経生物学の観点から理解することで，あなた自身の役割や，プレイをどのようにして治療的にするかが理解しやすくなります。
- 本書が提供しているのは，あなたがこれまで学習してきた基本的なプレイセラピーのスキルに付け加えて活用できるリソースです。
- 本書の理論は，神経科学，対人神経生物学，Synergetic Play Therapy の原理に基づいています。全ての情報がプレイセラピーにおける指示的，非指示的アプローチの両方に対して適応的なものになります。
- 攻撃的プレイを治療的にするのはあなたです！　しかし，あなたは決して独りでこの仕事に取り組んでいるわけではありません。スーパービジョンやサポートは必須です。
- プレイルームに置くおもちゃは必ずしも本物に見えなくても，その役割を果たす攻撃性のあるおもちゃを選ぶことが重要です。あまりリアルでないことが，かえってプレイルームの外で攻撃性が助長されるのを防ぐのに役立ちます。

第2章

新しい視点の探求：
攻撃性を受け入れる

攻撃性とは，子どもが恐怖や困難を感じているときに，交感神経が活性化していることを示すサインです。オックスフォード辞典で「aggression（攻撃性）」という言葉を調べると，「敵意のある，暴力的な態度」あるいは「他者からの攻撃や対決に備える態度」と説明されていますが，これは安全の感覚や，自分，他者，世界についての考えが損なわれたときに生じる**正常な生物学的反応**なのです。攻撃性は，叩く，嚙みつく，蹴る，叫ぶなど，外に対して表現されることもあれば，内向きに表現されて自傷行為を引き起こすこともあります。

本書ではプレイセラピーセッションの中で，子どもの遊びを通して現れる攻撃性に焦点を当てています。

プレイルームは攻撃性を表現するのに最適の場所

子どもたちがセッションで攻撃的に遊び始めると，そのまま続けさせるべきか止めさせるべきか，決めかねることがあります。

「こんなことをして大丈夫でしょうか？」

「この行動を許してよいでしょうか？」

「私とこのように遊んだら，友達とも同じように遊んでしまうのではないでしょうか？」

「私が攻撃性を助長しているのではないでしょうか？」

「私はトラウマを再演しているのではないでしょうか？」

「叩いてはいけないという社会的規範を教えるべきではないですか？」

これらは，攻撃性の取り扱いに関する講義を行うときに，よく尋ねられる質問です。学生たちは，内側に湧き起こってくる混乱を訴えるのです。攻撃性が実際には何を意味していて，どのように扱えば良いのかを理解していないと，私たちは自分が正しいと思っていることをデフォルトにしてしまいます。それこそが治療から最もかけはなれた振る舞いなのです。

プレイルームは，子どもたちが安全に包み込まれて（コンテインメント）過ごせる場所であり，もっと気分良く過ごすために必要なことならなんでも探求ができます。つまり，他では容認されないやり方で行動したり，発言したり，動いたりすることができる場所なのです。

子どもたちがトラウマ的体験を処理するのをサポートするときは，それがどんなトラウマであっても，子どもたちが私たちの手を借りながらトラウマを克服するのに必要な要素は，積極的にプレイルームの中に取り入れなくてはなりません。ここにはもちろん，攻撃性も含まれています。

もしプレイルームから攻撃性を排除したり，攻撃性はよくないものだと子どもに伝えたりすれば，回復のために探求する必要がある重要な「場所」は閉ざされてしまうかもしれません。そうすると皮肉なことに，子どもたちは内面の攻撃的な衝動や考えを探求する場をプレイルームの外に求め，そこで攻撃性を表現し続けなくてはならなくなります。私たちセラピストが攻撃的プレイを止めさせようとすればするほど，実際にはかえって攻撃性を助長するかもしれないのです。

プレイルームこそが攻撃性を探求するための最適な場所なのだと，私は考えています。

本書は，プレイルームの外での攻撃性を助長することなく，治療的に攻

撃性を探求する方法を提供しています。さらに素晴らしいことに，回復を促進するやり方で子どもたちが攻撃的衝動を探求するための，手助けとなる関わりをもつことは，他者とどのように関係を築けばよいのかを子どもたちに教えることにもなるのです。

カタルシス

　ここで，本書で紹介していることは，カタルシス理論とは別のものであることを強調しておきます。カタルシスという考え方の起源は，アリストテレスの時代にまでさかのぼります。当時の人々は，悲劇を観ることがネガティブな感情の発散になると考えていました。カタルシスという言葉には，「浄化」「清める」という意味があります。これに基づくカタルシス理論の背景にあるのは，人は内側に溜めている攻撃性や抑圧といった負の感情を解き放つと，緊張が和らいで，攻撃性が減少するという考え方です。この発想が，枕を殴る，物を投げる，奇声を上げるといった，攻撃性を発散するための治療的介入を生み出しました。しかし，攻撃性を和らげる方法としてカタルシスを研究した結果，**攻撃性を発散すると，実際にはより激しい怒りと敵意を生む**ということが多く報告されているのです（Bushman, 2002; Geen & Quanty, 1977）。

　このことは，プレイルームの中で攻撃性が現れたとき，セラピストにとって重要な意味を持ちます。ただ発散させていいのか？　サンドバッグを殴らせて大丈夫なのか？　「吐き出しなさい」と言って枕を殴るよう勧めていいのか？　おもちゃを乱暴に扱うことを許すのか？　その前に心配なのは，もし子どもたちにこのような行為を許してしまうと，さらに攻撃性が高まり，子どもがプレイルームの外で攻撃的な行動をとることを助長してしまうのではないかということでしょう。しかし本書で提案しているのは，カタルシスではなく，統合なのです。統合には，子どもたちが自分の

考えや感情，身体感覚を探求するときに，マインドフルネス[訳注1] や調整を必要とします。

　そして私たちは，子どもたちが攻撃的になったときの神経系の状態や，プレイルームで何が起きているのかを探り始める前に，まず私たちを取り巻く「**文化的なパラダイム**」に意識的にならなければならないのです。

攻撃性を否定しない

　たとえば，ほとんどの子どもが経験するような，よくある状況を想像してみましょう。4歳のデイブが幼稚園の園庭で，一番お気に入りの，トラックのおもちゃで遊んでいます。ただのトラックではなく，ホイールローダーです。後ろに砂を入れて捨てることができるのです。デイブはすっかりこのトラックに魅了されていて，トラックでできることをすべて探索していると，他の子どもがやってきて彼の手からそれを取り上げてしまいました。彼は幸せいっぱいの状態から引きはがされ，瞬時に怒りを覚えました。そして立ちあがり，トラックを取った子どものところへ行き，押し倒してしまったのです。

　私はこれまで多くの講義でこのシナリオを紹介して「次に何が起きたと思いますか？」と尋ねました。答えは満場一致のものでした。デイブはきっと先生から，言葉を使いなさいと指示される，友達を傷つけてはいけませんと注意される，といったものでした。それどころか，もしかしたら遊び場から閉め出されることもあるかもしれません。

　このシナリオについて深く考えてみてください。攻撃性が表現されたと

訳注1）マインドフルネス：今，この瞬間の体験に意図的に意識を向け，評価をせずに，とらわれのない状態で，ただ観ること。なお，“観る”は，見る，聞く，嗅ぐ，味わう，触れる，さらにそれらによって生じる心の働きをも観る，という意味である。（日本マインドフルネス学会による定義）

き，文化規範にしたがって「常識的」に対処するなら，子どもに「それは
いけないことだ」と教えるのが正解かもしれません。しかし，そうするこ
との意味について，よく考えてみたことはありますか？

　このシナリオでデイブは，どんなことを学ぶのでしょうか？　真実を知
る準備はできていますか？　つまり彼は，**体の中に怒りなどの衝動がこみ
上がってきても，それを信用してはいけない（現実のこととして受け入れ
てはいけない）ということを潜在的に学んだ**のです。また，ルールに従い
周囲に受け入れられるためには，自分の体とは切り離されていないといけ
ないことも学ぶでしょう。つまりデイブは，自分の中の攻撃性について，
それはよくないことだということ以外は，ほとんど何も学べないのです。
これでは自分の内部で何が起こっているのかを理解する方法や，体の中の
衝動を尊重し，適切なやり方で表現する方法など，身につけることはでき
ないでしょう。

　私たちは文化の中で，子どもたちに「攻撃性は人に受け入れられないも
の」というメッセージを繰り返し伝えています。にもかかわらず，多くの
子どもたちが暴力をふるう大人に育っていくのはなぜでしょうか？　**私た
ち人間は内側に抑圧したものを，最終的には外側に表現します**。衝動を抑
圧され続けた子どもたちは，自分の本能や衝動を理解することができず，
それは信用できないものであると学習しながら成長していくので，やがて
体とのつながりを断絶してしまう可能性があります。また，怒りや攻撃性
を感じたときに，恥や罪悪感を覚えることにもつながります。ここでここ
ろに留めておいてほしいのは，共感を育んだり，他者の非言語の合図をく
み取ったり，**他者と同調（attune）するために必要なすべての情報を収
集しているのは，私たちの身体である**ということです。だから，人間関係
に問題を抱える大人が多いのも，不思議ではありませんよね。

　セラピストである私たちは，この知識をプレイルームに応用すればいい
のです。しかし，子どもがセラピストやおもちゃに対して攻撃的になった
ときに，セッションを中断したり，「ダメ」と言って制止してしまうのは，

ありがちなことです。この後の「バウンダリーの設定」の章（113頁参照）で学ぶように，もちろんこのような方法も時と場合によっては必要となります。しかし，いつもセッションを中断したり，すぐに「ダメ」と言ったりしていると，プレイが強制終了されてしまい，子どもたちがいつまでも自分自身について学べないというリスクがあります。代わりに子どもたちは，自分の行動がセラピストに受け入れられるかどうかを気にするようになってしまい，治療を深めるチャンスが失われてしまうのです。そうならないために，次の問いが大切になります。

　　子どもたちに恥を感じさせたり，体験していることとの切り離しを助長したりすることなく，身体に沸き上がる攻撃的衝動に気づいてもらい，うまく扱うことを教えるにはどうすればよいのか？

　　子どもたちが自分自身を知り，カタルシスではなく攻撃性をマインドフルな体験に変容していけるよう導くにはどうすればよいのか？

　プレイセラピーでは，その行動が正しいか誤っているかにとらわれるのではなく，このような問いを考える必要があるのです。
　とても重要なことは，子どもたちが攻撃性を表現しても，恥を感じさせたりプレイを止めたりせず助ける方法を見つけることです。先に述べたように，プレイルームは，子どもたちが抱えている困難な感情を，癒し，脳の神経回路のパターンを再構築するために，恥を感じることなく探求することが許される，最適な場所なのです。一方でセラピストには，自分の生育歴で攻撃性とどのように向き合ってきたかを把握し，プレイルームに攻撃性が立ち現れた時にどう振舞うのかに注意を払うことが求められます。

恥

　子どもが攻撃的に行動したり遊んだりするとき，「その行動は良くないというメッセージ」を発すると，多くの場合それは内在化されてしまいます。これは「**恥の内在化**」へとつながる可能性があります。そして子どもが後になって，それはどういうことだったのか，誰からのメッセージで，何を言われたのかを振り返って理解すると，恥はさらに増大します。けれども本当は，子どもたちが攻撃的になった瞬間というのは，困難や脅威に対する自然な反応，すなわち本能なのです。

　恥にまつわるエピソードでは，何年も前のことですが，待合室で挨拶しようとしたときに，不機嫌そうに母親から離れて座っていた少年のことをよく覚えています。彼が立ち上がって，私に向かって歩き始めたとき，母親は，その日，彼が教室から閉め出されたという出来事を話しました。母親のがっかりして批判するような声を聞くと，少年はうなだれました。セッション中に，彼は学校でどんなことが起きたのか再現してくれました。そして興味深いことに，自分の振る舞いに対する困惑した気持ちを強調したのです。自分は悪かったのか。良かったのか。彼には見当がつかなかったので，それを整理しようとしているように見えました。

　自分の振る舞いについて他の人から言われたことについて，何が起きたのか処理するために彼はプレイしていたのですが，そこには恥，罪悪感，混乱がはっきりと見て取れました。つまりプレイでの表現によって，その**とき自分が感じたことを私にも理解してもらおうとしていた**のです。そこで「とても困ったわよね。それが良いことだったのか悪いことだったのか，いったいどちらなのか難しいわね」と声をかけると，私を見つめて，何が起こったのかを詳しく話してくれました。彼は学校で，他の子がいきなりぶつかり殴ってきたので，びっくりして反射的に思い切り殴り返したのでした。心の中では自分の体の衝動に従っていただけで，それは恐怖からの

反応にすぎません。自分のほうから積極的に殴ったわけではなく，咄嗟の反応だったにもかかわらず，彼はその後，罰を受けてしまったのです。

　このクライエントからは，子どもが表現する攻撃性を大人がどのように扱うのか，その結果によっては子どもが恥を感じたり，混乱したりするということについて，多くを教えてもらいました。この原則は，もちろんプレイルームでも同じです。

　そして，これから私たちが探求することになる，攻撃性を治療的なものにするためのカギは，以下の6つです。

1. セラピストが子どもの**外部調整器**となって，活性化を穏やかなものにする手助けをしなければなりません。それにより子どもたちは，セラピストの調整能力を借りられるようになります。

2. どのような介入も，子どもたちが，自分の思考，感情，そして身体感覚に**マインドフル**になることを促進するものにしましょう。

3. セラピストは自分の神経系が活性化している最中に，**自分自身とつながる方法のモデル**を示しましょう。これを子どもたちが観察すると，活性化を処理するための新しい方法を身につけることができます。

4. セラピストはプレイルームでの子どもたちの安全感を促進するために，**オーセンティック**であり，**一致した反応**をする必要があります。でなければ，子どもはプレイをエスカレートさせます。

5. 攻撃性がセラピストの耐性の窓^{訳注2)}を超えたときや，安全上の問題があるときは，適切な**バウンダリー**を設けましょう。

6. セラピストは，もし子どもが感情の洪水の状態に陥ったとしても耐性の窓に戻れるように，安全のニューロセプション^{訳注3)}を築き

訳注2) 耐性の窓：Daniel Siegel の造語。刺激を受けても過度に覚醒せず，自然に落ち着き戻れるような最適な心理状態の範囲を指す。
訳注3) neuroception（ニューロセプション）：Porges による造語。Porges は意識的な知覚

　ましょう。

　皆さんにお願いしたいことは，攻撃性を悪いものと捉えて，子どもに「何かはたらきかけなければならない」から学ぶという考えから，**子どもと一緒にいるための方法を学ぶという考えにシフトしてほしい**ということです。そしてもう一つお願いしたいことは，**「右脳が体験している世界」へとシフトしてほしい**ということです。そのためには，子どもとの間で何が起きているのかを**感じる**方法を学ばなければなりません。

第2章キーポイント

- 攻撃性は，子どもが脅威や困難を知覚したときに生じる，交感神経系の活性化の症状です。これは生物学的に正常な反応です。
- 攻撃性がもつ意味を理解すれば，それをどう扱えばよいのかという問題は自ずと解決され，プレイルームは攻撃性を表現するための安全な場所になります。
- プレイルームでの攻撃性の到達目標はカタルシスではなく，統合にあります。
- 子どもたちの多くは，攻撃性は間違っていて許されないものだという誤ったメッセージを与えられています。しかし，抑圧したものは，外に出されるのです。したがって，攻撃性を表現することを止めさせようとすると，かえって助長してしまう可能性があります。
- 恥や攻撃性は良くないものだというメッセージは，自分自身というのは信用できないもので，身体に沸き上がる衝動は切り離さなけれ

（perception）とは異なる危機評価システムが私たちの自律神経系に備わっていると提唱した。このニューロセプションによって，安全，危険，生命の危機などを私たちの身体は無意識化で察知し，それらに対して評価・反応しているとされている。

ばならないと，子どもたちに誤学習させます。

- 私たちが考えなければならない，核心的な問いは，「**子どもたちに恥を感じさせたり，体験していることとの断絶を助長したりすることなく，自分の身体に感じる攻撃的衝動に気づき，それをうまく扱う方法を教えるには，どうすればよいのか？**」です。

第3章

神経系を理解すること

> 私たちと患者／クライエントとの関係性は，次のようなことに役
> 立っている。それは，安全な環境という文脈のなかで，情動的に耐
> えうるレベルの調整不全を再体験し，これにより圧倒されるほどの
> トラウマ的感情を調整し，患者／クライエントの情動的生活の統合
> を可能にするという目的である。
>
> Allan Schore（2003, p.37）

　脳と神経系の情報処理のしくみを理解すると，プレイセラピーのセッシ
ョンにおける子どもの攻撃性や，攻撃的プレイが展開するとはどのような
状況なのか，より多くの洞察を得ることができます。また，脳と神経系が
情報をどう「翻訳」し，それがいかに影響を及ぼし身体症状となって表れ
るのかを知っていると，習慣的に「悪いこと」と判断しがちな子どもたち
の行動や衝動に取り組む上で役立ちます。こうした知識は，子どものトラ
ウマティックな記憶と体験の統合を支援するのに役立つのみならず，攻撃
性への取り組みに求められる子どもの神経系の再構築と，そのためのプレ
イルームにおける私たちの役割を深く理解することにも役立つのです。
　考える用意はできましたか？　さあ，脳の勉強に取り組みましょう！
　『Evolve Your Brain: The Science of Changing Your Mind』（2007）の
著者，Joe Dispenza によると，私たちの脳は一秒間に4000億ビットの感
覚データを処理しています。外的環境から取り入れた感覚データ——たと
えば見えるもの，におい，感じたこと，聞こえる音，味などを，そしてこ

れと同様に内的状況に関連するデータ——たとえばホルモンレベルやグル
コースレベル，心拍数，体温などを，絶えず取り入れて，処理をしている
のです。

　脳はこれほど桁外れの量の情報を統合しているのですが，ここからが本
当に驚くべき事実です……なんと，私たちが自覚しているのは，その情報
のうちのわずか2000ビットほどなのです（Dispenza, 2007）。ここで少し
立ち止まって，それがどういうことなのか，詳しく考えてみましょう。私
たちが全ての感覚データの1％未満しか自覚していないとしたら，経験し
ていることの大部分は私たちの認識内にないということになります。つま
り，取り入れられた情報の大部分は，意識には上らないのです。もちろん
潜在的なレベルでは記録されていますが，それは，「身体は記録している
けれども精神的な自覚はない」ということを意味しています。この事実が
なぜ私たちにとって非常に重要なのでしょうか。それは，セラピストはプ
レイルームで，**意識できることよりもはるかに多くのことを感じている**と

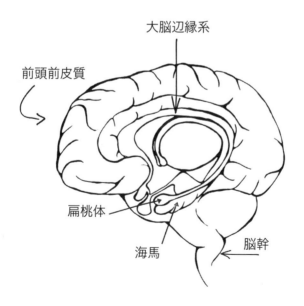

大脳辺縁系

前頭前皮質

扁桃体

海馬

脳幹

いうことを示しているからです。意識できる形で記録されているかどうかにかかわらず，あなたの身体は起こっていることを認識し，それに応じて反応しています。これら感覚データのすべては一度私たちの脳に入ると，脳の辺縁系に位置する扁桃体に移されます。扁桃体は，受け取ったデータから起こりうる脅威を識別できるかどうかを決定する，脳のとても重要な部分なのです。扁桃体では，脅威が存在するかしないか過去の経験と知識に基づき，即座に判断が下されています。

「このデータは，前にも見たことがあるか？」

「このデータについて何か知っているか？」

「警戒する必要があるか？　自分の身体を守る必要があるか？」

「この感覚データの組み合わせについて何を知っているだろうか？」

といったことが検討されます。そして脅威が存在すると判断されると，自律神経系を活性化する信号を発信し，脅威に反応するように伝えます。

あなたは不思議に思ったことはないでしょうか？　なぜ同じような状況を体験した人たちが，そのトラウマティックな出来事に対して異なる反応をすることがあるのか。あるいは，同じ環境で育ったにもかかわらず，ある子どもだけが他のきょうだいより多くの症状を持つようになるのか？どうしてある子どもだけが，悲惨な状況からほとんど調整不全なく逃れることができて，別の子どもは PTSD の症状を抱え込んでしまうのか？トラウマが生じるかどうかは，出来事をどのように知覚したのか，そして私たちがその情報を統合できるかどうかに，完全に委ねられているのです。

私たちの神経系による脅威の定義

脅威という言葉から私たちは，何か身体的な安全を脅かす存在を想像しがちです。しかし，扁桃体が脅威として認識するものは，それよりもはるかに広範なものです。脳が「脅威である」としてとらえているのは，その

他にも3つ存在すると特定しました。つまり，脳は4つのレベルで脅威を
精査しているのです。第一に，**身体的な脅威になりうる存在**のデータをス
キャンし，第二に，**未知の対象**を警戒します。脳は知っていること，すな
わち予測可能性があることを好みます。したがって，予測可能性が見いだ
せない対象に脳は恐怖を感じます。

考えてみましょう

未知のものと出会ったときについて考えてみましょう。それはもしかし
たら，あなたはあなたにとって完全に異質な文化と交流する旅をしてい
たときかもしれません。レストランで食事をしていて，ウェイターがあ
なたの前にお皿を置いたとき，皿の上に載っているものが何なのかはっ
きりわからなかったときかもしれません。または職を失い，次に何が起
こるか知らないまま，翌日に目が覚めたときかもしれません。あなたが
未知のものに出会った瞬間を心の中で振り返ると，一時停止したことを
思い出すでしょう。それは普通のことであり，必要な反応なのです。

　あなたが"未知のもの"について思い出して振り返ったとき，本当に恐
ろしかったのは"未知のもの"そのものでしょうか。実は，その未知な状
況で起こるかもしれないと連想されたことと，それまで似た状況で起きた
出来事の記憶ではないでしょうか。これはおそらくほとんどの読者に同意
していただけると思います。私たちは，自分の中にある過去の統合されて
いない経験を，未知のものに投影します。そしてここで，脅威の感覚が活
性化されるのです。

　次に，脳がスキャンしている三つ目の脅威は，**状況と不一致なもの**です。
第1章でシェアしたストーリーに戻ってみましょう。カルロスとソードフ
ァイトをした時，私は自分と一致していませんでした。はじめは，プレイ
セラピーのトレーニングでこうすべきと教えられたロールプレイをするば

かりで，剣が速く激しく向かってきたときにも，本当はどのように感じているか言葉に出すべきではないと，それを自分に許しませんでした。一方では，神経系を調整しようという発想もまったくありません。ただただ剣を受けるだけで，やがて私は落ち着かなくなってきて，結果的により彼の攻撃を増幅させてしまうことになりました。なぜこのようなことが起きたのでしょうか？　それは，私が自分と一致した反応をしなかったからです。私は彼を混乱させるようなメッセージを発していました。言語化しないところでは「怖い！」という叫び声をあげていたのに，私の他の部分は冷静さと落ち着きを保とうとします。もうとっくに恐怖に取り込まれていたのに！　だからこそ彼は，私からオーセンティックで自己一致した反応を受け取るまで，攻撃を増幅しなければならなかったのです。

　また，あなたは誰かから"○○すべき"と命令されたとき，あるいはあなたが自分に"○○すべき"と強いたとき，身体と感情に起きていることに，気づいたことがあるでしょうか？　少し立ち止まって考えてみましょう。"もっとこれに時間をかけるべきだ"とか"あなたはそのように振る舞うべきでない"というようなメッセージを聞いたときに，私たちには何が起こっているのでしょうか？　では，もしあなたが自分自身に"私はそのように感じるべきでない"とか，"私はあんなふうに言うべきではなかった"というメッセージを伝えたとしたら，何が起こるのでしょうか？

考えてみましょう

あなたが最近，自分自身に行っていた"すべき"について考えてみましょう。目を閉じて，自分自身に対して"すべき"と数回言って，あなたの体に何が起こるかを観察してみましょう。注意深く観察すると，恐らくある程度の調整不全を経験していることに気づくでしょう。動揺，苛立ち，攻撃性，防衛，疲労感，抑うつ，体の圧迫感と重さ，心拍数の急上昇，および絶望感といったものはすべて，一般的によく体験されるものです。

　この"○○すべきである"ということ，そして"**現実にそぐわない期待**"は，脳に対する第四の脅威なのです。こうした命令のメッセージも，自己感覚に危険をもたらすと知覚されます。「ありのままのあなたと異なっているべきだ」と言われるのが好きな人が，果たしているでしょうか。そして，私たち自身が自分に対して"○○すべき"と言う時，そして他者から言われた"○○すべき"を内在化する時，「オーセンティックな自分」は脅かされているのです。その瞬間私たちは，今ここでのありのままの自分を否定し，自分の知恵まで放棄してしまっています。これは，〈ありのままの私たち〉と〈こうあるべきと考えている私たち〉の間に，内的なジレンマを引き起こします。そして，この矛盾に対処しようと自律神経系が活性化されます。その症状の一つとして，攻撃性は表れるのです。

　つまり，子どもたちの攻撃性を扱いプレイを促進するあなたの能力を，最もブロックしてしまうのは，その時にあなたが頭の中で考える"すべき"あるいは"すべきでない"というメッセージなのです。

　4つの脅威：
  1. 身体的痛み
  2. 未知のもの

　3．状況との不一致
　4．"すべき"と"非現実的な期待"

活動における神経系

　自律神経系にはそれぞれ二つの機能をもつ神経系があります。一つは私たちの生体反応を加速させる**交感神経系**，そしてもう一つは減速させる**副交感神経系**です。これらは協働して，身体の全体的な健康維持のために機能しています。私たちが脳の探索により前述の脅威の一つを認識した瞬間，自律神経系は交感神経の高反応状態に移行し，副交感神経の背側迷走神経枝が目前の脅威や困難に対処するために働きはじめます。この状態は**神経系の調整不全**と呼ばれます。ここで交感神経は，**凍りつき反応**，**闘争／逃走反応**（過覚醒）に関係しますが，背側迷走神経は崩れ落ちたり，気絶したりするような**崩壊反応**（低覚醒）あるいは**不動化反応**に関係します。

　人間はなぜ，ある時は崩壊反応ではなく凍りつきや闘争／逃走反応に至るのか，また別の時は闘争／逃走反応ではなく崩壊反応をするのか，不思議に思ったことはないでしょうか？　この反応は，選択されているということを知っていますか？　このような神経系の反応の選択は，私たちの脅威や困難への認識に基づいているということが明らかになっています。もし脅威に対して何らかの対処が必要であると認識すると，私たちの交感神経枝が闘争／逃走反応のシステムを起動し，エネルギーが体の中心から腕，脚，足，そして手に伝わり，走ったり戦ったりできるようになります。このエネルギーの波が顔と頭にも伝わっていき，顔の紅潮，顎の緊張そして，情報を取り込むために瞳孔が拡大するといった反応が見られます。心拍数も増加し，非常警戒，臨戦態勢となり，防御と攻撃の準備が整えられます。ここでもし，その脅威や困難から離れることができなければ，不安を感じパニックが生じます。これが過覚醒の基本的な状態です。

SYNERGETIC PLAY THERAPY™

調整下，および調整不全の神経系の症状

調整不全のすべての症状は，私たちの生活における出来事についての，誤った知覚から生じます。したがって，知覚を変えれば神経系の症状も変わります。では，どのように私たちの知覚を変えるか，どのように私たちの身体に起こる症状を管理して，より調整された，腹側迷走神経の状態に戻すのか。そのための技術を習得することが賢明です。

交感神経の反応——凍り付き，闘争／逃走反応，過覚醒症状	副交感神経の/腹側迷走神経反応——調整された状態（マインドフルで"自己に愛着がある"）	副交感神経系の/背側迷走神経反応——崩壊した，低覚醒の症状
過度な用心深さ	論理的/明確に考える	無力感
警戒心過剰	意識的な選択ができる	死んでいるように見える
心拍の増加	アイコンタクトが出来る	表現が乏しい
防衛的	幅広い感情的な表現を見せる	麻痺している
頭の中の"ドキドキ"した感覚	"落ち着いている"と感じる	モチベーションの欠如
不安	呼吸に気づくことができる	無気力/疲れている
過度な運動の活性	安定した睡眠周期	重要な出来事を感じる能力の鈍化
圧倒されたり解体した	冷静沈着	感情的な萎縮
とても怒りっぽい	こころと身体の両方の内的な自覚	抑うつ
制御不能な激しい怒りの発作	"体の中にいる"	孤独感
攻撃性	言語的に明確な方法でコミュニケーションができる	解離
解離		

Synergetic Play Therapy™ ──活動の調整

以下, ほんの一部ですが, 神経系の調整不全を調節するのに役立つ活動のリストです。賢い使い方は, これらの活動に日ごろ取り組みつつ, 調整不全が起きた瞬間にも行うというものです。また重要なことは, 身体が本来持っている知恵に従って, 調整された腹側迷走神経の状態に戻ることです。これらの活動は, 一人でやることと同時に, 誰かと一緒にやることが大切です。

走る, ジャンプする, 回る, 深呼吸をする, ポーズを伴うダンスをする。

ゲームをして, 子どもをジャンプさせ, 壁やドアのフレームなど何か高いものに触れさせる。

走ったりジャンプしたりして, 何か柔らかいものに衝突する(つまり, ベッドにジャンプして繰り返し衝突する)。

ヨガボールで跳ねる。

床を前後に転がる。

椅子に座り, 腕を上げて(椅子から降りようとしているかのように)ある程度の抵抗を保つ。

マッサージをする。

腕と足に深い圧力をかける(あなたは長いストロークの動きで腕と足を下げるように圧力をかけることが出来ます)。

食べる(特に何かサクサクしたもの)。

ストローで飲み物を飲む。

お風呂に入る, シャワーを浴びる。

ブランケットに包まって心地よく横たわる(ある程度の圧力を感じるよう少しきつく締める)。勿論, 安全に。

移行中に行進するあるいは歌う。

過覚醒状態にある場合, 一日の困難な時間帯にモーツァルトの音楽をBGMに流す。

低覚醒状態にある場合, ハードロックやファースト, ベースミュージックを流す。

重いものを運んだりあちこちに押したりする。

アイソメトリックを行う(壁で腕立て伏せをしたり, 両手を一緒に押しあったりする(祈っているように見える))。

速く歩く。

階段を駆け上がったり駆け下りたりする。

頭を素早く降る。

ベッド, またはカウチから逆さ吊りになる。

スポーツをする。

紙に"落書き"をする(これは少し気が散る可能性がありますが, 上手くいく場合もあります)。

クッシュボールやラバーバンド, ストロー, 粘土を摑んだりいじくり回したりする。

肌や服を優しく, または元気にこする。

冷たいまたは熱いタオルを顔に置く。

過覚醒の時は光を薄暗くする。

低覚醒の時は光をつける。

読書をする。

ブランコをこぐ。

"ブレインジム"[訳注1)]についてたくさんのアイディアを学ぶ。

ヨガをする。

心地よく横たわる。

踊る。

とにかく体に心地よい方法で動く。

あなたの身体に起こっていることを声に出して説明する─"私のお腹はぐるぐる回っている""私の足が重たく感じる"など。

あなたの吸う息が吐く息と同じ長さであることを確認して, ひたすら呼吸する。

©2011 Compiled by Lisa Dion, LPC, RPT-S Updated 10/16

訳注1)　Brain Gym®（ブレインジム）：アメリカの教育学博士である Paul Dennison 氏によって開発された教育キネシオロジーの基本となるもの。体を動かす体操をしながら脳を活性化し, 運動能力向上とともにメンタル面も安定させる。

　一方，私たちがその脅威を圧倒的なものであると知覚し，対処することができないと判断すると何が起こるでしょうか？　脅威と闘うのに十分な身体の大きさ，速さ，大きな声，賢さ，強さを感じられない場合，私たちの神経系はシャットダウンし始め，崩壊した状態になります。この低覚醒反応は，副交感神経系の背側迷走神経が活性化している兆候です。極端なレベルになると，気絶して解離することさえあります。プレイルームで子どもたちの背側迷走神経に活性化が起こると，身体の不動化が表れはじめます。情動や表出がなく，疲れているようにも見える状態です。極端なレベルでは，四肢のエネルギーが失われ麻痺が起き，ほとんど幽霊やロボットのようになってしまいます。これらの反応は痛みを止めようとするためのものですが，副産物として感情的な萎縮，孤独感や抑うつ感をもたらします。シャットダウンした子どもたちの体はそこにありますが，魂が抜けたような状態になっているのです。背側迷走神経が活性化されると，私たち大人にも同様に一連の症状が起こります。

　自律神経系の活性化の概念は，脅威を知覚する程度に従って段階的に生じていくと理解すると，わかりやすいでしょう。私たちが潜在的な脅威に相対したとき，第一に凍りつき反応が起こり始めます。交感神経系による凍りつき反応は一時的なものです。その目的が，次の行動を決定するために一時停止してデータを検討し，さらにデータを収集することにあるからです。続く第二，第三の段階では，交感神経を活性化させ闘争／逃走反応に移行できるようにします。まず私たちは逃げ出すことを試みますが，もしそれができない場合，いよいよ闘争反応に移行します。そして，もし逃げ出すことも戦うこともできない場合，私たちは交感神経に背側迷走神経の活性化を伴う，**二重の自律神経の活性化**に移行することがあります。これは片足でアクセルを踏み，もう片方の足でブレーキを踏んでいるようなものです。こうなると，どう対処するのか判断することはできません。まだ完全に崩壊しているわけではありませんが，ある程度の解離が起こり始める可能性があります。ここで脅威や恐怖を感じさせるものに対する解決

策が依然として見つからない場合，次の段階に進みます。これが**背側迷走神経の崩壊反応**です。私たちがその状況について何もできないと知覚すると，神経系がシャットダウンし始め，動きが遅くなり，心拍数と血圧が低下します。この状態が急激に起きると，気を失うこともあります（Schwartz & Maiberger, 2018; Elbert & Schauer, 2010）。

　私がプレイルームでカルロスとソードファイトしていたとき，私の脳は多くの感覚データを取り入れていました。そのデータは扁桃体まで進み，その時点で潜在的な脅威が存在するかどうかを素早くアセスメントしました。判断は明確な"Yes!"でした。この瞬間，知覚された困難に対処するため，自律神経系を活性化する信号が送られました。

　最初に，私の脳は現状に何とか対処できると認識したので，過覚醒状態になって，攻撃を食い止めようと試みました。ところが，調整したり，バウンダリーを設けたり，オーセンティックな反応をしなかったため，カルロスはいよいよスピードを上げて私へのスイングを強め始めました。ついに私は，対処不可能だと感じ低覚醒反応のなかで解離しそうになりました。これらは全て数分以内に起こっています。そして，そのとき──バン！──私は頭に一撃をくらいました。今日にいたるまで，彼がなぜ私を叩いたのか，未だにわかりません。

　もしセラピストが自分の神経系を調整したり，知覚したことに対処しないまま，長時間，プレイルームでの強い攻撃性にさらされ続けると，おそらくはっきりした低覚醒の兆候が身体に表れはじめます。それはプレイルーム外の生活にまで持ち越されてしまいます。私たちの神経系が扱えることは限られているのです。そして，長時間にわたり背側迷走神経系が活性化しつづけると，やがて神経系はシャットダウンしてしまうのです。

安全のニューロセプション

　副交感神経系にはもう一つ，理解することが重要な部分があります。それは，**腹側迷走神経**の役割です。Stephen Porges の**ポリヴェーガル理論**は，副交感神経の背側迷走神経枝と腹側迷走神経枝の両方が，身体を緩めるサポート役をしているということを明らかにしました。しかしながら，この両者はまったく異なる理由でそのような働きをしています。先ほど述べたように，背側迷走神経の活性化は脅威を感知した際の反応の中で起こっていました。これと対照的なのが，私たちに**安全のニューロセプション**があるときに生じる腹側迷走神経の活性化なのです（Porges, 2011; Badenoch, 2017）。腹側迷走神経はブレーキシステムのようなものだと考えてください。実際に，時々，**腹側ブレーキ**（ventral brake）と呼ばれることもあります。腹側迷走神経がオンになると，調整不全にブレーキをかける助けとなり，私たちはより大きな調整能力を獲得します。また，人が感覚データを統合するための「最適な覚醒の範囲」である**耐性の窓**（Siegel, 2012）の中に，私たちが留まれるよう助けてくれます（Ogden, Minton & Pain, 2006 ; Siegel, 1999）。耐性の窓とは，私たちの神経系が覚醒状態で活動できる最適な範囲のことです（Siegel, 2012）。本書で学ぶ調整の方法を身につけると，腹側迷走神経の働きを使えるようになります。腹側迷走神経を働かすことができると，感情の洪水を起こすことなく，子どもとの体験の中に留まることができます。また，あなたが活性化した中でもグラウンディングして自分の存在を保ち，子どもに同調することが，彼らが安全感を得られる一助ともなるでしょう。

セラピーにおける神経系の動き

　過覚醒の子どもたちがプレイセラピーに紹介されて来るのはよくあることですが，セラピストである私たちは，**低覚醒の子どもたちの存在も忘れてはなりません**。また，なぜ彼らがサポートを受ける必要があるのか，養育者や教師にしっかりと説明しなければなりません。低覚醒の子どもたちは過覚醒の子どもたちに比べて，扱いやすく従順なために見落とされてしまいます。しかし，彼らの覚醒レベルは最適な範囲にはなく，低い状態にあることに注意する必要があります。つまり，**困難が大きすぎて，すでに感情的な世界をシャットダウンし始めてしまっている状態**なのです。これは，行動化している子どもとは対照的に見えるので，サポートを後回しにしがちになるのです。

　私たちがワークしている子どもたちはみな，反抗挑戦症や素行症，不安症，双極性障害，心的外傷後ストレス障害，注意欠如多動症，抑うつ障害を含む広範囲の障害を有すると診断されていたり，その兆候を示したりしています。ではもし，これらの症状も含めて，子どもたちがセラピーに持ち込むあらゆる症状や障害が，神経系の調節不全の結果であるとしたら——このアイディアは，考えるに値するとても興味深いものではないでしょうか。

　だとすると，子どもたちをある「病気」だと診断するのに代わって，「彼は交感神経の過覚醒による調整不全です」とか「彼女は背側迷走神経の過剰活性化による調整不全です」というふうに見立てることが必要かもしれません。この「レンズ」を通して子どもたちを見た場合に，私たちはどのようにアプローチをするのが良いのでしょうか？　そして，子どもとの関係に苦労している保護者や教師をサポートする時，どのような方法に変えたほうがいいでしょうか？

> 子どもたちの症状は，神経系の状態の調整不全の症状として理解
> される。
>
> —— Synergetic Play Therapy の理念

　脅威や困難が感知されたときに起こる神経系の症状に関する知識があると，子どもたちが自分の脅威をどのくらい大きく知覚しているのか，その洞察を得ることができます。それはまた，私たち自身が活性化の兆候を感じたときに，知覚されていることを理解するための情報でもあるのです。プレイルームの中で攻撃性が現れた時，私たちは過覚醒状態になった交感神経系の活性化と相互作用している可能性が高い，ということに注意するのは重要です。ただし，常にそうであるとは限りません。背側迷走神経の活性化を目にすることもある得ることです。必ず覚えてほしいことは，神経系の調整不全に伴う様々な症状と，活性化の段階の順序です。これを知っておくと，活性化の段階が上昇するプロセスを追跡し，私たちや子どもたちの中で起こっている感情の洪水や圧倒されている状態をモニターするのに役立ちます。

攻撃的なプレイにおける神経系

　ごく簡単に言うと，攻撃的プレイがプレイルームに現れたら，子どもの神経系が一斉に過覚醒状態になっていると見立ててかまいません。あるいは，プレイ自体を交感神経活性化の象徴的な表現として考えても差し支えないかもしれません。なぜなら，子どもたちが遊び始めると，彼らが体験した出来事にまつわる記憶や身体的な感覚が，同時に生じてくるからです。その結果，自分の中に湧き上がるその困難な情報を処理しようと試みることで，神経系の調整不全の兆候を示し始めるのです。

　子どもたち自身や遊びが攻撃的で激しくなるとき，それはまさに彼らの

神経系が交感神経系の過覚醒反応の段階に移行していることを意味します。そして興味深いことに，交感神経と副交感神経の背側迷走神経のエネルギーは，しばしばペアになってプレイルームに現れるのです。たとえば，攻撃的なエネルギーがピークに達し，子どもがセラピストを追い詰めて叩いた瞬間（過覚醒），セラピストは「死」にはじめ，力を失い，無力になります（低覚醒）。プレイの観察者になる場合もこれと同じことが言えます。砂のトレイの中での戦争で，混沌と攻撃性が高い状態に達すると（過覚醒），兵士たちは砲火を浴びて死にはじめ，多くは砂の上で転倒したり，砂の中に消えたりします（低覚醒）。

　遊びの中に攻撃性が現れたら，それは子どもの神経系の象徴的な形であり，極度の過覚醒状態の延長にあるものだと理解するなら，ここに神経系の調整をベースとする治療的枠組みを適用することができます。攻撃性を含むすべての行動は，調整の試みだからです。これは，子どもたちの「遊び」は決して文字通りのものではなく，彼らの過去の体験の再現ではない，と言っているわけではありません。彼らが遊びにより再現することの中には，実に多くの要素が含まれているということなのです。そして，子どもたちの姿を神経科学と神経系の知識に基づく「レンズ」で見るという考え方を受け入れれば，治療と統合の新しい機会が生まれてくるのです。

第3章キーポイント

- 扁桃体は脳内で脅威かそうでないかを判断するフィルターです。たとえば，物理的な脅威，未知のもの，環境における不一致，"こうあるべき"というメッセージを脅威としてスキャニングしています。プレイルームでの攻撃性をうまく取り扱うためには，これらが子どもにとっての脅威となることを覚えておいてください。

- 自律神経系の二つの神経性枝による反応——交感神経系による加速，副交感神経系による減速は，日常の生活だけでなくプレイルームの中でも現れます。

- 攻撃的なプレイは，子どもたちの神経系で交感神経系が極度に活性化していることの象徴的な形であり，過覚醒反応の延長にあるものです。

- あなたの"こうすべき"あるいは"こうすべきではない"という思い込みは，プレイルームで攻撃性が生じたときにその瞬間をうまく生かすあなたの能力を妨げるおそれがあります。

- 脅威や困難を感知したとき，対処できるか，あるいはできないかの判断により，交感神経系を亢進させるか，背側迷走神経の崩壊反応へと活性化させるかが選択されます。

- 子どもたちが強烈な感情や感覚の状態に向き合うのを私たちが助けるということは，子どもたちの神経系の再構築を援助していると同時に，レジリエンスも発達させています。

第**4**章

調整が真に意味すること

　より多くのセラピストに教えれば教えるほど，「調整」という概念や「調整された状態」というものが，しばしば誤解されていることに気がつきました。多くの人々は，調整された状態とは落ち着いている状態を意味すると考えていますが，必ずしもそうであるとは限りません。Synergetic Play Therapy の観点からいうと，**調整された状態とは，マインドフルであり，自分自身に気づいている**ということです。その瞬間，はっきりと考えることができ，意識して選ぶことができ，自分の呼吸に気づくことができます。グラウンディングを感じられ，話すこともクリアで，自分自身の身体の中に確かに存在していることを体感できる状態です。調整とはつまり，**自分自身とつながる**ということなのです（第3章の神経系チャートをご参照ください）。

　神経系の調整は，自分自身に意識を向け，腹側迷走神経が活性化されると起こります。その瞬間，私たち自身は目の前の出来事から切り離されていることに気づくでしょう。「怒り」や「悲しみ」といった感情自体ではなく——ほんの一瞬かもしれませんが——体験していることよりもっと大きい存在なのだということに気づく瞬間——これが，自分自身や他者とつながる力となるのです。そのため，怒りや悲しみ，不安を調整することができるのです。また，周りに困難な感情を抱えている人がいる時であって

も，自分自身は調整された状態でいることができるようになります。

　たとえば，私が何かにすごくイライラさせられているとしましょう。困難を知覚すると，調整不全になり，自分自身から切り離されてしまいました。ついには過覚醒状態になり，自分自身と全くつながれなくなり，ただ内側にある怒りの感覚に飲み込まれるのを感じています。それから話し方が速くなり，指を叩き，右足は動き，心拍数が上がるのを感じます。また，身体の内側で起きている活性化に気づきます。そして活性化が激しくなるにつれて，少しめまいがしてきました。さて，ここで立ち止まってみましょう。自分が感じるものや見るもの全てに，意識的になって注意を向けてみるのです。そうすると，少しずつ自分自身に戻り始めます。私はもう，自分と切り離されていません。身体中を駆け巡る神経系の活性化を感じ，しっかりと意識できています。このような神経系の活性化における調整の瞬間を私は何度も経験していますが，決して穏やかさを感じるものではありません。しかし，これこそが私たちが子どものクライエントに教える調整なのです。そして私たちの役目は，彼らが調整不全になった時に自分自身に再びつながる方法を身につけ，自分の中で起こる神経系の活性化を上手く扱えるようにすることなのです。

調整は途切れることのない瞬間です

　調整は，一瞬のうちに行われるかもしれません。あるいは，たくさんの瞬間が集まって一つの調整された状態になり，その中に穏やかさを感じるということもあるかもしれません。今，私が話した例も，調整の瞬間にほかなりません。あえてそう言うのは，私たちセラピストが理解していなければならないのは，穏やかでいるということが調整の目的でもなく，またプレイルームで攻撃的プレイをうまく進めるための要点でもないからです。大事なことは，私たち自身が調整不全状態でエネルギーを上手く扱う方法

を身につけ，それを同じように子どもたちに教えることです。これを理解することが，セッションをうまく進める鍵です。もし，落ち着かせるためにセッション中のエネルギーを止めようとすれば，不意に子どものプロセスが中断され，エネルギーを統合するどころか停滞させるか空回りしたまま子どもの中に留めるといった，抑圧が生じるでしょう。抑圧されたものはいずれどこかで解放しなければならない——そのことを十分覚えておいてください。

　したがって，プレイルームでのエネルギーを止めるのではなく，活性化の中で自分の体験にマインドフルでありながら神経系を調整する方法を，子どもたちに教えていきましょう。これを身につければ，逃走反応によりさらに症状をエスカレートさせてしまうことなく，自分の体験に向き合えるようになります。やがて自己への気づきが生まれると，攻撃的なプレイのエネルギーは統合され始め，少しずつ，自然と，調整された状態に到達していくのです。

　活性化した神経系から逃げるのではなく，それに向き合い，調整するのです。

　セラピーによって，子どもが二度と怒らず，友だちを叩きたいとも思わなくなり，大人への口答えもしなくなる，という考え方は現実的ではありません。そんなふうにさせようとすれば，子どもたちは逃げ出し，どこかに隠れて頭を隠したまま，二度と出てこなくなるでしょう。つまり，現実的で可能なことは，**子どもたちが困難に直面したときに自分とのつながりを保つ方法を教える**ことなのです。これが攻撃的プレイのすべてであると言ってもいいかもしれません。私たちセラピストが目指すのは，子どもたちが腹側迷走神経の関与で自身とつながり続けられるようになることです。神経系が活性化し過覚醒や低覚醒の状態となる中でも，エネルギーを統合し，自分自身に意識を向けられるようになることです。私たちは彼らが，神経系の活性化に飲み込まれることなく，自分の存在を感じ，気づけるよう，導かなければなりません。

子どもたちは天性の調整器です

　全ての行動は調整のための試みです。それは社会が「不適切」とレッテルを貼る可能性のある行動でさえもそうなのです。たとえば子どもたちは,噛む,叩く,叫ぶ,押す,かんしゃくを起こす,隠れる,アイコンタクトを避ける,話すことを拒否するなどの行動をとります。これらは,感覚データを取り入れたり,シャットアウトしたりすることで,調整をしようとする行動なのです。また,小刻みに動く,歌う,床を転がる,ジャンプする,物を押す,逆さまにぶら下がる,遊ぶ,芸術作品を作るなど,調整をするための多くの行動も行います。彼らはたいへん優秀で,自分の身体に湧き起こる感情や感覚を処理するために必要なことは何でもするのです。ここには,攻撃的になることも含まれています。攻撃的な行動も調整のための試みであると考えることは,もしかするとパラダイムシフトであるかもしれません。

　問題になるのは,子どもの調整戦略が有効なものではなく,調整不全の状態のままになっている場合,そして子どもの調整戦略が生活に悪影響を及ぼしている場合です。子どもが,凍りつき反応,闘争／逃走反応,崩壊反応に費やす時間が長くなるほど,健康,人間関係,学習といった広範にわたり問題を呈し,怒り,うつ病,衝動性なども生じやすくなります。

　子どもたちには,生まれつき調整の本能が備わっていますが,**有効な調整方法を学ぶには手助けが必要**です。言い換えれば,調整不全への対処に必要な腹側迷走神経の関与を身につけるには,セラピストの手助けが必要だということです。その方法の一つとして,他の人がどのように感情や身体感覚を扱うのかを見せるやり方があります。

　つまりこれは,プレイルームにおいてはセラピストであるあなた自身の身体に湧き起こる攻撃的な衝動をどう扱うのかを見せるということを意味しています。

外部調整器の必要性

　では，皆さんに質問をしたいと思います。その答えを知ると，なぜ私が攻撃的プレイを治療的にするための要素としてセラピストの役割を探究することを選んだのか，理解できるはずです。

　質問です。

　「なぜ，私たちは泣いている赤ちゃんを揺するのでしょうか？」

　とても直感的に答えられそうなので，先を読み進めたくなるかもしれませんが，もう少しだけ理由を考えてみてください。身体の痛みを物理的に和らげるためでしょうか？　それとも感情的な苦痛をとりのぞくため？　一人ではないことを知らせるため？　「あなたの欲求はほとんどの場合ちゃんと満たされるから大丈夫」と伝えるため？　あるいは，欲求を満たすために求めても良いのだと知らせるため？　もちろん，答えは全部「yes」です！

　それでは，赤ちゃんが自分の身体感覚を習得し始めるには，どんなことが助けになるでしょう？　困難な感情の中にいても，自分自身とつながる方法を習得するのを手伝うことでしょうか？　調整不全状態から調整の状態への移行を繰り返すことで，赤ちゃんのなかで強力な調整能力の基盤となる脳内の配線を敷くことでしょうか？　これらの質問の答えもまた「yes」です。

　もし養育者が共感的な人なら，赤ちゃんがひどい調整不全にあるとき，深呼吸させたり，心を落ち着かせる何かに集中させたり，10まで数えさせたりしませんよね。これはわかりきったことでしょう。なぜなら，私たちは赤ちゃんがそういう動作をできないと知っているからです。赤ちゃんはまだ，脳のより原始的な部分で反応しており，自分自身を落ち着かせる強力な能力を構築していないので，**外部調整器**，つまり内的な経験を組織化するのを助けてくれる存在が必要です。調整された養育者が導いてあげなければいけないということです。

　人は生まれた時，自分一人で落ち着く能力がまだ発達していません。赤ちゃんが調整された状態に戻る能力を習得するには，養育者のサポートが必要なのです。**赤ちゃんの調整能力は，養育者の調整能力を借りて発達する**とさえ言えるかもしれません。Allan Schore は，「赤ちゃんの自律神経系の発達における『クレッシェンド』と『デクレッシェンド』のプロセスでは，母親が文字通りの調整器の役割を果たす」と述べました（Bullard, 2015）。にもかかわらず私たちは，セラピーで出会う子どもたちの多くが，身体はある程度育っていても調整能力は赤ちゃんと同じレベルであるということを，忘れてしまっているのです。そのため，現時点ではできない，あるいはこれまで習得する機会がなかったような方法で調整ができると，期待してしまいます。また私たちは，トラウマ的体験を処理するプレイにともない子どもたちの神経系が活性化した時に，その活性化自体を扱って調整のサポートをする必要があることも，見落としているのです。まとめると，神経系を再構築する必要がある子どもたちには，まず外的な調整器──神経系の調整不全状態を統合するのを助ける人を必要とするということです。したがって，**神経系の活性化の統合は，最初はセラピストと一緒に始めなければならない**のです。

　エイドリアンという女の子のケースをお話ししましょう。私たちが一緒に取り組みを始めた時，彼女は12歳でした。すでに5歳の頃からプレイセラピーを含むさまざまな治療法を試されたものの，結果が出ないことに

困り果て，窮余の一策として私のところに連れてこられました。

　エイドリアンは4歳のときに養子に出され，ロシアからやってきました。私たちが出会った時，彼女には自閉症，反応性愛着障害，注意欠如障害，および様々な発達の遅れといった複合的な診断名が付けられていました。また両親は，養子に来る前の早い時期に虐待を受けたのではないかと疑っていました。彼女は日常的に，信じられないほど感情的に反応し，両親や自分自身を叩いたり，ペットを傷つけたりしていたからです。神経系はずっと闘争／逃走反応をしっぱなしのようで，休息と睡眠をとるのも困難でした。そして予想通り，誰かを信頼したり，アイコンタクトを取ったり，1つの活動を長時間続けることにも苦労し，体が絶えず動いていました。両親のほうも，長年彼女の攻撃性にさらされながら生活してきたことで，もはや安全を感じることができなくなっていました。それは「彼女と一緒にいるのは，いつ爆発するかわからない時限爆弾で遊んでいるようなものだ」と表現するほどでした。

　セッションのはじめの数回，エイドリアンのプレイの様子は，赤ちゃんや動物が繰り返し傷つけられ，あるいは怯えさせられているといった，攻撃性と圧倒と，恐怖に満ちたものでした。私は彼女が遊んでいる様子から，神経系が交感神経の活性化に出たり入ったりするのを認めました。私自身の身体にも活性化を感じましたが，引き続き彼女のプレイを観察し，追跡しました。すると，彼女が自分自身とつながり落ち着くのがどれほど難しいかが，はっきりと認められたのです。彼女は神経系の中に統合されていないトラウマを抱えていましたが，それが「ありのまま」でいること，すなわちトラウマを完全に手放すのは安全ではないという恐怖を生みだし，闘争／逃走の状態を引き起こしていたのです。

　両親との面接では，彼女を助けるには，トラウマとして刻まれた体験を統合するのに加え，神経系を再構築する必要があるということを共有しました。まず脳と神経系の状態を説明してから，彼女の反応は脳の原始的な部分から起きていること，そして**内的経験を調整する能力が育っていない**

ことが落ち着きのなさと攻撃的な行動の原因であると，彼らが理解できる
よう，丁寧に話しました。12歳である彼女は感情面の年齢はまだ乳児同
然であるという事実も伝えなければなりませんでしたが，同時に，彼女を
助けることは十分可能だという私の希望と信念も共有しました。

　エイドリアンは，内的に体験している神経系の活性化を統合し，より大
きな調整能力を身につけるべく脳神経の配線を新しくするために，プレイ
ルームで他の人が調整役となる必要がありました。もちろん，プレイルー
ムでは私が調整役になるのですが，プレイルームの外では両親に同じ役割
をしてもらえるように，彼らに教えなければなりません。

　プレイでは神経系の活性化と攻撃性が起こるたびに，この本であなたに
教えようとしていることを実際に行いました。それは調整のための様々な
活動でしたが，私が彼女の神経系の活性化に向き合うこと，また彼女の調
整システムとワークし始めることに役立ちました。それから，彼女の適応
を助けるため，振る舞いや遊びから観察したことを，その場でたくさん伝
えました。

　たとえば，ドールハウスに赤ちゃんだけを置いたとき，「赤ちゃんは一
人ぽっちですね」と言います。すると，赤ちゃんは2階の手すりに向かっ
て這いだし，登りました。「赤ちゃんが手すりから落ちるのを守る人が家
の中にいないみたいだけど……」と言ったところ，なんと彼女は赤ちゃん
を摑み，2階から投げたのです。「赤ちゃんが落ちたわ！」。赤ちゃんは横
たわり，動きません。「赤ちゃんは怪我をしたかもしれない！　でも，赤
ちゃんを助ける人が誰もいないのね。ひとりぼっちで，たぶん傷ついてい
るのに」。このように観察したことを伝えることで，彼女と一緒にいてプ
レイを追跡し，見守っていることをわかってもらったのです。彼女が終始
言葉を発せずにプレイするそばで，私は追跡を続けました。

　そして彼女は，プレイの中で一度赤ちゃんや動物が傷つくと，すぐに切
り替えて，別の赤ちゃんや動物が傷つく，他のプレイ場面をつくりました。
これは一時停止を伴わない継続的なプロセスで，彼女の神経系が休む時間

はありません。つまり，彼女の神経系は交感神経系が活性化されたままだったのです。

　私の身体も全ての交感神経が活性化の真っ只中にあったので，休みたいと思っていましたが，それができないことに気がつきました。なぜなら，プレイが次から次へとトラウマ的な場面へ移っていったからです。私はすぐに，これが彼女の世界なのだと認識しました。これは，彼女が休みをとりたくないということを意味するものではありません。文字通りまったく休めなかったのです。心の中で，何か悪いことが起こるかもしれないと思う限りは，安全ではないのです。そこで私は，その一連のプレイの流れの中で，私自身の身体に起きていることを説明しました。「今，私の身体は休みたがっているみたい。ちょっと休みたいのだけれど，でもそれができないわ。なぜか私の身体は，警戒する必要があるように感じているの」。そしてそれから，大きく息を吸い，長く息を吐きました。私の吐く息は，ありのままでいて，神経系が落ち着くのを許してもいいのだという，エイドリアンへのメッセージでした。それはまた，私自身の調整をサポートし，腹側迷走神経が活性化された状態を保つための方法でもありました。ここで重要な瞬間が訪れます。私が確かに自分の存在を感じて，調整された状態にあり，体験していることにオーセンティックになった瞬間，エイドリアンが私とアイコンタクトを取ろうとしたのです。**彼女が私の神経系にチューニングし，私の神経系の調整を頼りに，安全を感じるための手助けにしようとした瞬間です。**これが私たちの共同作業のターニングポイントとなり，彼女の神経系が落ち着き始めたことを示す，最初のサインが現れたのです。

　そして，セラピストの外部調整器としての力は，子どものプレイを同じように反復させたままにせず，統合していくことにも役立ちます。エイドリアンとのプレイの場合でいえば，私自身の調整がプレイに加わり，そこで私が体験していることを積極的に彼女と共有することで，私の感じたままを感じてもらいました。ここから同調していきますが，まず私自身から

始まり彼女に向き，やがて彼女が私に同調し，私の神経系の調整を借りて彼女が自分に同調するようになりました。ここがプレイが変化し，反復が止まった瞬間でした。

　セッションの4回目，エイドリアンはやってくるなり，今日のプレイではそろそろ赤ちゃんが眠るはずだと知らせてくれました。そのとおりに，赤ちゃんは15分眠りました。これが呼び水となり，次からの数回のセッションでは，休むことに取り組むようになります。やがてエイドリアン自身が，プレイ中に赤ちゃんになりました。ところが，彼女は横になって眠ろうとすると不安を感じたので，私が外部調整器となり，一緒に呼吸を続けました。時々歌を口ずさみ，優しく揺れながら，彼女の隣に座ります。彼女も私に同調してきていることがわかったので，彼女と深くつながる一方で自分とのつながりを保ちます。この間，彼女はずっと私の調整能力を頼りにしていました。けれども私は，彼女を抱きしめて赤ちゃんのように揺り動かすということはしませんでした。もしかすると，彼女はずっとそうしてほしかったかもしれません。大いなる安心のうちに包まれる経験をさせてあげられる方法を，私が見つけなければならなかったかもしれません。それでも，彼女が早期に虐待を受けた可能性があり，それがどのような類のものなのかを正確に把握できない限りは，そうしてあげることはできませんでした。ただ，彼女を休ませ，安心させるために，共感的な養育者なら彼女と一緒にしたであろうことは，すべて行うことができました。そして，母親を見つけようとプレイルームから待合室に向かったあの日のことは忘れません。母親に会った時，私は彼女を見つめて，「エイドリアンが眠っていますよ」と伝えました。すると母親はその意味を理解し，目に涙を浮かべたのです。母親は私とともにプレイルームに戻ると，眠っているエイドリアンのそばに座り，セラピーの残り15分間，彼女が眠っている間，一緒に呼吸をしていました。

　あなたはこの話が，攻撃性の統合とどう関係するのか疑問に思うかもしれませんが，その答えのすべてはここにあるのです。

第4章キーポイント

- 神経系の調整はマインドフルな気づきの瞬間に生じます。それは必ずしも落ち着いている状態とは限りません。
- すべての行動は，攻撃性も含めて，調整のための試みです。
- プレイセラピーのセッション中に，子どもたちは彼らの非常に困難な内なる状態を統合するために，セラピストの調整能力を借ります。
- 神経系の活性化の統合は，外部調整器となるセラピスト，つまりあなた自身から始まります。
- 落ち着くようになることは，プレイルームで攻撃性を扱うことのゴールではありません。ゴールは，サポートを受けつつも，子どもたちが調整不全の最中でも自分自身とつながり続けられるようになることです。そして，彼らが調整不全に飲み込まれることなく，それを感じることができるようにすることです。

第5章

外部調整器としてあなたを育てる

　すでにおわかりのとおり，本書は，プレイルームの中に立ち上がる神経系の活性化をまるごと抱える能力について述べたものです。それが，子どもたちが自分の内的な状態に向き合うことを可能にします。さらに，あなたが子どもたちの外部調整器になることが，活性化した神経系を統合する子どものキャパシティの助けとなり，攻撃的なプレイを治療的にしていくのです。第1章で私は，「探求はあなたから始まります」とお話ししました。それはつまり，これまでの理論的な枠組みで教えられてきた「中立的な観察者」という考え方から抜け出して，治療的な関係の中で積極的に振る舞う役割へと飛び込むことが始まりであるという意味です。

　このように言葉で説明するのは簡単ですが，実際には難しいですし，しかも重要な仕事です。そこでこの章では，簡単に取り組めるステップを通して，攻撃性に対する「耐性の窓」を拡げ，外部調整器としてのあなたの能力を発達させる方法を紹介したいと思います。

成長へのコミットメント

　プレイセラピーのセラピストになるということは，一緒にワークする子どもたちに対して責任があるだけではなく，自分自身と，そして私たちが継続する人間的成長に対しても責任をもつということです。したがって，子どもたちの癒しを助けるという勇気ある役割を引き受けるのであれば，私たちは**自分自身の癒し**にも積極的に取り組まなければならないのです。子どもたちとワークすることを選択したのであれば，セッションに持ち込まれるものを抱える能力を，強化し続けることが求められます。私たちセラピストは，セッションで生じる不快な思考，感情，感覚の中で，クライエントと一緒になってそれを回避したり呑み込まれたりすることなく，自分自身とクライエントとのつながりを保つ方法を身につけなければなりません。ただ，子どものプレイの中で私たちの脳が感知する脅威のレベルによっては，あるプレイにはのめり込んだり，また別のプレイからは逃げ出したくなったりするのは，自然なことです。そこでまず，私たち自身の人間関係と，生育歴における攻撃性，そしてまだ癒されないといけないトラウマがあるかどうかを，継続的に観察していくことが必要となります。

　攻撃的なプレイが展開される中で，外部調整器でいるための能力を発達させるには，主に2つのことが求められます。

1. セラピストは，自分の身体に起きることを，避けようとしたり，あるいは感じていることによって呑み込まれることなく，積極的に感じなければならない
2. セラピストは，自分自身の攻撃性に関連する過去の体験と恐怖を乗り越えなければならない

同調を感じる

　外部調整器になるには，**同調する能力**が必要です。クライエントに同調するためには，自分の身体的および感情的な状態に開かれていなければいけません（Schore, 1994; Siegel, 2007）。これは，プレイルームの中の出来事を頭で理解しようとするのを止めて，起きていることをそのまま感じなければならないことを意味します。私はこれを指導するセラピストたちに，「**頭から抜け出して，身体に入りなさい**」というふうに教えています。身体を通して感じれば，その瞬間に求められていること，セラピーを進めるために必要なすべての情報にアクセスできるのです。たとえばそれを，こんなふうに考えてみてください。赤ちゃんが泣き叫んでいるとき，共感的な養育者は，立ち止まって状況を分析し，赤ちゃんをなだめるための最良の介入に頭をひねったりはしませんよね——そうではなく，本能的に赤ちゃんを抱き上げ，揺さぶったり，動かしたり，音を出したり，高い高いをしたりしながら，次に何をしたらよいかも本能に従います。そこに「地図」はなく，どうしたらよいのかは，一瞬一瞬の**情動調律**が教えてくれているのです。養育者はこうした同調を効果的に行うために，無意識のうちにそれぞれの瞬間で自分の感じるところに従っています。攻撃的なプレイを取り扱うのは，これと全く同じことなのです。

　プレイの中では，あなた自身のやり方を「考える」のではなく，「感じ」ましょう。

　ジョシュという5歳の子とのセラピーでこんなことがありました。彼は赤ん坊のおもちゃを私の腕の中に置き，お医者さんごっこのキットを手渡すと，オフィスの窓のあるほうに歩いて行き，私を部屋の反対側に置き去りにしました。まったく意味がわかりません。なぜ私は赤ちゃんを渡されたのか？　このドクターキットで私は何をすればいいのか？　なぜ彼は立ち去って，その時，窓の外を見つめていたのか？　内側ですべての質問を

思い浮かべている時に，彼は私を見つめて言いました。「さあ，リサ……あなたは不安になるんだよ！」。一瞬で私は混乱の中に巻き込まれ，体験していることを自分に感じさせないために，懸命に頭で考えようとしました。何が起こっているのかを分析するので精一杯だったので，自分にも彼にも同調することはありません。その瞬間，私は身体から切り離されました。彼が私に感じてほしかったことも，受け止めることができません。そしてジョシュは，私がメッセージを受け取るのを助けるために，プレイを止めなければなりませんでした。このケースは，セラピストが感じたくないと思うと何が起きるのかを，如実に教えてくれます。それは子どもに"見逃された"と感じさせるだけでなく，メッセージを"受け取って"もらえるようセラピストを助けるのに，子どもの時間を費やすことにもなるのです。

　この不調和の瞬間は，思いがけず，彼が自分のニーズを満たすための主張をする機会になったので，決して悪いことではありませんでした。このような自己主張をするスキルは，人とのつながりを持つために，彼にとって極めて大切なものでした。

　彼の言葉を聞いてすぐ，私は自分の身体に注意を向け，彼と一緒にプレイの中に存在することができました。その瞬間に，彼が私に味わってほしかった不安を感じたのです。私に赤ちゃんを渡したのは，その子が無事かどうかわからないというシチュエーションから，不安を感じてもらおうとしたからでした。ジョシュは私が感じられるように助け舟を出してくれていたのです。彼はプレイによって自分が感じるように私にも感じてもらいたかったのですが，そのしるしとしてオーセンティックな感情的反応を得ようと，私を自分自身の体験を感じるほうへと差し向けたのです。

　ジョシュへの同調は，私自身への同調から始まったのです。

神経系の活性化に向き合うこと

　クライエントの痛烈な記憶と感情状態が再活性化され，耐性の窓から外れるとき，クライエントはその神経系の活性化を回避するために，感情から遠ざかろうとします（Siegel, 2010）。ところが，その体験から離れる行為は，脅威または困難が身近にあるという脳の警報をかえって強め，それが神経系の状態を調整不全にしつづけてしまうのです。同じことが私たちにも当てはまります。もしあなたが，身体的，感情的，認知的状態を積極的に体験しようとせず，それらの内的体験に向き合い調整をしようとしないのなら，さらに自分の状態から離れることになるでしょう（Schore, 1994）。もしかすると，クライエントを安全ではない感覚や，相手にされないという感覚の中に取り残すおそれさえあるのです（Siegel, 2010）。

　セラピストがプレイ中，自分の内側で生じている変化を感じることができないか，または積極的に感じようとしないとき，かなりの確率で発生すると考えられるのは，特定の感情や身体感覚から切り離され，どうにかその感覚をシャットダウンしようとし，自分の存在を否定したり，感情の洪水を起こしたりといったことです。つまり，神経系の活性化に向き合うには，セラピストが自分の身体で起きていることを感じながら，同時にそれを通じて調整する必要があるのです。Dales & Jerry（2008）は，セラピストがこの困難な神経系の活性化状態に向き合うことの重要性について説明しています。

　　母親が自分自身の調整不全状態を苦心して調整することで子どもにとって暗黙裡に調整の見本（モデル）となるように，セラピストは，神経系が活性化して神経生物学的に苦痛を感じているクライエントに，共感的に同調することができなければなりません。この自己管理能力がなければ，セラピストはクライエントの調整を助けることができま

せん。すなわちこのワークは，セラピストと患者という「**治療シナリ
オへの参加者**」双方による心の底からのコミットメントであり，そこ
でのセラピストの役割は感情的に深く関わるということです（Dales
& Jerry, p. 300)。

　Allan Schore もまた，子どもの覚醒状態を調整する能力とは，セラピ
ストが子どもの苦痛とネガティブな感情状態の両方を汲み取って——それ
はポジティブな感情に同調するのと同じことですが——調整することであ
ると説明しました（Bullard, 2015)。つまり，同調が起こるためには，セ
ラピスト自らが進んで自分の内的体験に向き合い，子どもが感じているす
べてのことを自分の身体にも感じることができるように，意識しなければ
ならないのです。

腹側迷走神経系による抱え込み

　率直に言いましょう——プレイセラピーのセッション中に私たちの身体
で起きていることを感じるのは，不快なことなのです！　そして，不快で
あるにもかかわらず，それは思いのほか必要なことなのです。
　もし私たちが自分自身の不快感を抱えられないのであれば，子どもの不
快感を抱えることはとても難しくなります。私たちが身体との関係性を発
達させ，自分自身とつながりながら感じ取る能力を拡張させ続けることが
非常に重要な理由は，ここにあるのです。
　その重要性を別の側面から強調したいと思います。プレイにより子ど
もたちの中に不快な思考や感情，感覚が生じたとき，彼らは自分よりも
広い，私たちの耐性の窓を必要とします。それはある意味で，私たちの
調整キャパシティで子どもを抱えこむことと言っていいかもしれませ
ん（Badenoch, 2017; Kestly, 2016)。これが**腹側迷走神経系による抱え込**

みです。抱えられていることが子どもに伝わると，彼らはより深く自分の感覚に入ることができます。Bonnie Badenoch の著書『The Heart of Trauma（2017)』［邦訳未出版］にある次の図は，腹側迷走神経系による抱え込みを示したものです。子どもの耐性の窓は，「**つながりのある耐性の窓**」を作り出すために，セラピストの耐性の窓と合わさります。この時点で，セラピストによって調整されながら，子どもは交感神経の覚醒と背側迷走神経系の崩壊を探索できます。

　子どもたちは私たちの腹側迷走神経系に抱えられているとき，私たちが神経系の活性化を抱えているときと同じくらいの耐性の窓の拡張を体験するでしょう。Carl Marci ら（2005）は共同研究により，こうした瞬間は，主観的には共感的で豊かな，個人間の結びつきとして体験されるというこ

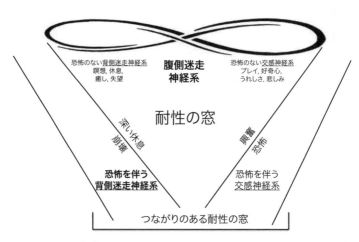

自律神経系

つながりのある耐性の窓の拡張と収縮

恐怖のない背側迷走神経系
瞑想，休息，
癒し，失望

**腹側迷走
神経系**

恐怖のない交感神経系
プレイ，好奇心，
うれしさ，悲しみ

耐性の窓

深い休息
崩壊

興奮
恐怖

**恐怖を伴う
背側迷走神経系**

恐怖を伴う
交感神経系

つながりのある耐性の窓

Bonnie Badenoch 著『THE HEART OF TRAUMA：関係性の文脈における身体脳の癒し』からの「図5.2」©2018 by Bonnie Badenoch. W. W. Norton & Company, Inc. の許可により使用。

とを発見しました。この個人間の結びつきを保ったまま，私たちの神経系は同調した状態へと入り，出て，また入りを繰り返すのです（Badenoch, 2011）。

あなたの身体との関係性を発達させる

　感じたり同調したりするキャパシティを発達させるために重要なのは，身体の中にいることに時間を費やすことです（Van der Kolk, 2015）。つまり一日を通して，あなたの内に生じる感覚や感情を知るということがとても大切なのです。セラピストであるあなたにとって最も重要なツールは，あなたの身体です。どのような場面でも，あなたの内側で，そしてクライエントの内側で，さらに両者の間で起きていることを理解するために必要な情報は，あなたの身体の中にあるのです。身体とのつながりがなければ，プレイルームの中で私たちは，水を失った魚のようになってしまうでしょう。

　それから，あなた自身を信頼して，あなたの**身体の声を聴く方法**を学ぶことも大変重要です。ただし，多くの人にとって，これはそれほど簡単なことではありません。日々の体験と耳にする様々なメッセージが，身体とのつながりを切り離したり，身体の中にいることに恐怖を感じさせたりするからです。たとえば，虐待，医療トラウマ，ボディイメージに関するメッセージ，怒りや悲しみを感じているときに聞かされる「乗り越えなさい」というメッセージは，すべて「感じないための対処方略」を助長する要因となります。

　もし，あなたが身体と切り離された状態をつくってしまったとしても，元の状態に戻ることができます。あるいは，すでに身体との強固な関係性があるのであれば，より強化することができます。そんな方法をこれからご紹介します。

あなたの身体とのつながりを強化し，感情的に困難な状態とワークする
能力を高めることができる，「私のお気に入りのエクササイズ」は，次の
とおりです。

- **ヨガ，武道，マインドフルダンス**：こうした運動により身体を動か
  すと，全身のさまざまな感覚に気づけるようになります。たとえば，
  時間をかけて足の感覚に意識を向けてみます。次に，腰はどうでし
  ょう，それから首はどう感じていますか。もし身体の一部が収縮し
  ていたり，緊張したりしているのに気づいたら，呼吸をしてみまし
  ょう。そして，そこにより深く意識を運ぶ練習をしましょう。注意
  を向けるのを避けたいと思う身体の部分があるかどうかにも，気づ
  いてみましょう。どうしてそうなのか，好奇心を向けてみてくださ
  い。

- **タッチ**：愛する人に触れてもらう，あるいは安心できる人からマッ
  サージしてもらい，タッチを受け取りましょう。そしてタッチされ
  ているときの，あなた自身の身体に気づいてみましょう。肌に触れ
  られているとき，十分な圧力なのか少し弱いのか，注意を向けてみ
  ます。それから，筋肉と関節にも注目してみましょう。触れられて
  いるときに同時に生じる考えにも注意してください。ここで気をつ
  けてほしいことがあります。もし，タッチに何か不快なものを感じ
  たり，別のことをしてほしいと感じたりした場合，その「感じ」に
  名前をつけるか，声に出す練習をしましょう。あなた自身の身体で
  すから，そうする必要があればノーと言うこともできるし，必要な
  他のこと，またより望むことを求めてもいいのです。

- **あなたの感覚を磨く**：感覚を刺激するさまざまな活動に取り組みま
  しょう。そして，そこで体験することにマインドフルに注意を払い

ましょう。たとえば音楽を奏でることでもいいですし，音楽を聴く
ときにさまざまな楽器の音色に気づきを向けながら，リズムのわず
かな変化を聴き取ることでもかまいません。あるいは，マインドフ
ルに食べられそうな物を選んで，エクササイズに使うのもいいでし
ょう。ゆっくりと食べながら，食べ物の食感，味，口の中で感じて
いることに，注意を向けましょう。また，入浴や水泳といった活動
も，水に包まれた感じや，水の中での身体の動きを味わうことがで
きるので，素晴らしいエクササイズになります。いろいろなことが
エクササイズになるので，楽しみながら探してみてください。

• **マインドフルな呼吸**：まずは10分間，独りで座ってみましょう。
あなたのすべてとともに，ただ座って，呼吸をして，気づきを向け
るためだけに，時間を使うのです。そして，座ったまま，ただ見守
るように，浮かんでくる思考に注意します。自分自身から語られる
物語に身を任せたい衝動に気づくでしょうか。湧き起こる様々な感
覚を避けようとしたり，反対にそこに向けて動こうとしたりする衝
動にも気づくかもしれません。座りつづけるまま，ただ生まれてく
る感情に気づきを向けてください。それらの感情を変化させようと
したりせず，ただそれらとともにいることができるかどうか，自分
を眺めてみてください。

• **マインドフルなウォーキング**：エクササイズの中で私が特に好きな
ものの1つは，自然の中でマインドフルなウォーキングをすること
です。外を歩くとき，最初にあなたの身体の内側に注意を向けます。
どんな呼吸をしているのか，それはゆっくりなのか速いのか，その
質に少しずつ気づくはずです。それから，地面に着地する両足の感
覚に気づきを向け，歩きながら感じることを心に留めていきます。
あるいは関節を動かすと，その周りにはどんな感じがするでしょう

か。あなたの身体の中にいる間，ただ気づきを向けるだけです。今度はあなたの周りの世界に気づくために，自分の外側に注意を向けましょう。肌では温度を感じてみてください。あなたをとりまく色にも，気づきを向けてください。そして，目に見えるあらゆるものの形や動きに，自分自身を同調させていきます。耳を澄ませて，聴き取ってみてください。マインドフルに聴くことがどんなふうなのか，感じてみましょう。

- **間を取る，呼吸をする，そして感じる**：困難な感情が生じたとき，私たちはとても簡単に反応してしまいます。だからこそ，身体に調整不全を感じ始めたときに，自分で間を取ることをお勧めしたいのです。間を取ったら，一呼吸します。そこで身体の内側に注意を向けて，調整不全を感じましょう。同時に，内側のエネルギーを感じます。ここでもう一度呼吸をしてから，不快な感じに身体をあずけてみてください。呼吸と，身体をあずける感じを繰り返します。そして注意をそらしたくなった瞬間があったら，もう一度呼吸をして身体をあずけることにチャレンジしてください。繰り返すたびに少しずつ，深く感じてみましょう。

　こうしたエクササイズは，自分自身とのより深いつながりを発達させる
だけでなく，**二重注意**を実践することにも役立ちます。二重注意とは，二
つのことを同時に認識する能力です。これは，セラピーで自分自身とクラ
イエント両方のあらゆる状態に気づき，同調するためには，欠かせないス
キルなのです。セラピー中の物語は決して現実の出来事ではありませんが，
子どものプレイに反応して私たちが体験する様々な感情や身体的な変化は，
もちつづけなければなりません。しかし，クライエントのストーリーに集
中しすぎると，自分自身とのつながりを失ってしまうことになります。一
方，自分自身に過度に焦点を合わせ，内側の感情に飲み込まれてしまうと，
クライエントとのつながりを失ってしまうことになるのです。

　前に紹介したエクササイズはどれでも，あなた自身とあなたの外側の何
かに同時に気づくようになるための，二重注意の練習ができるものです。
たとえば，あなたがヨガのクラスに参加しているとしましょう。ポーズを
取る間，身体の感覚に気づきながら，同時に周囲の人に気づきを向けられ
るでしょうか？　このような二重注意の練習は，あなたが自分と，そして
周りの世界とより深くつながるために役立ち，どんな活動の中でも取り組
むことができます。

　そして，あなたの気づきと調整能力の拡張を進める何よりのカギは，あ
らゆる自分の行動と感情にマインドフルネスを適用するということです。
そのような振る舞いは，どうすれば“共にいる”ことができるかに気づく，
きっかけとなるはずです。

救済欲求

　子どもたちが不快に感じている間に一緒にいて，その不快を感じながら
子どもと一緒に調整することと，子どもたちを不快感の中から救い出そう
とすることとは，まったく別物です。なぜなら，後者の動機は，彼らが不

快の中にいることを大丈夫ではないと思うか，あるいは私たち自身があまりに不快だと感じることにあるからです。つまり，前者は統合的で，後者は回避的なのです。

　私たちセラピストが意識的または無意識的に，まだ癒しが必要な自分自身の一部分を他の誰かの中に認識すると，**救済欲求**が湧き起こります。このような場合，自分のオーセンティックな反応が子どもたちにとって大きすぎるのではないかと恐れて，それを避けることでプレイや子どもの体験の方向を変えようとするのが一般的です。あるいは，子どもを身体の感覚から切り離すために，頭で考えさせるような質問をして，「今，ここ」でのプレイから子どもを方向転換させます。こうした戦略は，子どもたちを不快から遠ざけようとする試みであると同時に，**私たち自身が快適でいるための試み**でもあるのです。

　注意して観察すると分かりますが，不快な思考，感情，感覚に耐えられないことは，「それを味わうとどうなるか」という恐怖に根差しています。たとえば，「もし，神経系の活性化に自分の身体をあずけたら，呑み込まれてしまい，子どもの前で泣き出してしまうのではないか」，あるいは「自分の身体に攻撃性を感じたら，それを見た子どもが私を嫌がったり，怖がったりするのではないか」といった恐怖です。これらの恐怖の多くは，まだ注意を要する過去の経験に関連するものなのです。

恐怖を受け止める

　私たちが恐怖を感じると，自分の防衛パターンが出現し，子どもとのつながりから遠ざかり，子どもから自分の身を守ろうとします。この瞬間，マインドフルな気づきと調整能力がないと，私たちの耐性の窓は収縮し，子どもの調整をサポートする余裕はなくなってしまいます。

　しかしながら，恐怖を受け止める方法を学べば，神経系の活性化が生じ

たときにも安全のニューロセプションを維持できる，調整能力を構築でき
ます。簡単に言えば，自分の恐怖を少なくすることができれば，より多く
の恐怖を抱えられるということです。これは，攻撃性がプレイルームに現
れたときに身体に恐怖を感じないようにする，という意味ではありません。
あなたが身体に感じる恐怖に気づきを向け，腹側迷走神経系の活性化を維
持できるようにするということ，と同時に，状況に脊髄反射するのではな
く，何をすべきか，何を言うべきかを明確に考えることができるというこ
とです。恐怖を受け止めれば，反射的に反応するのではなく，考えて応答
することができるのです。またそれは，あなたの存在とつながりを維持す
る上でも役立つはずです。

恐怖を受け止める方法

　恐怖とは，将来のある時点で，喜びよりも痛みを，良いことよりも悪い
ことを，サポートよりもより困難を体験するだろうという思い込みなので
す。それは，上手くいかなかったと認識している私たちの過去の経験に結
びついていて，その経験と同じか似たような結果の未来への投影により引
き起こされます（Demartini, 2010）。

考えてみましょう

一枚の紙を取り出し，攻撃的プレイが現れたり，子どもたち自身が攻撃的になったりすることについての，あなたの恐怖をすべて書き留めましょう。

_____

_____

_____

_____

　書き出した恐怖を統合していくための，シンプルでありながら奥深い方法を説明しましょう。これであなたは，プレイルームでの調整と存在感の維持が可能になります。このエクササイズを2009年に私の指導者であるDr. John Demartiniから初めて学び，そしてそれは，私の耐性の窓の変化と拡張に大いに役立ちました（Dr. Demartiniまた彼の研究についての詳細は，drdemartini.comを参照してください）。

　この変化のエクササイズは，彼の著書『Inspired Destiny』（2010, p. 139）［邦訳未出版］に紹介されたものです。

1. あなたが何を恐れているか考えましょう。たとえば，「私は感情の洪水を恐れていて，バウンダリーを設けるのですが，そのことも恥ずかしいように感じます」といったことでしょうか。
2. では，今それが起きたら，あなたにとって恩恵はないか，考えてみましょう。20個から50個挙げてください。たとえば，「子どもと共に回復できて，責任を負うことのモデルになれると思います」「自分の耐性の窓について学び，より調整する必要があることを

知る機会となります」といったことでしょうか。こうした利点を発見するためには，次のような問いを自分に向けるといいでしょう。「この恐怖が現実になったとしたら，私にとってどのように役立ち，何を教えてくれて，どう手助けしてくれて，私の成長をどうサポートするのだろう？」「この恐怖が現実になったとしたら，クライエントをどう助け，何を教え，彼らの成長をどうサポートするだろう？」。

3. 反対に，あなたが恐怖を感じるようなことが起きなかった場合，どんな問題があるでしょうか。20個から50個挙げてみましょう。たとえば，それは次のようなものかもしれません。「クライエントに謝る機会を逃してしまうと思います。きっとそれは，大人が責任を負うのを子どもが目の当たりにするという，治療的なチャンスになるはずなのに……」「神経系の活性化が生じている間に，子どもの外部調整器になる機会がなければ，調整の方法を学ばざるを得なくなるという状況がありません……」

「**最悪のシナリオ**」**が，実際にはあなたに利益をもたらす**ということを脳が理解すると，恐怖は統合され始めます。これによって，あなたはより調整された状態を取り戻すことを学ぶのです。このエクササイズは信じられないほど強力です。しかし，恐怖を生じさせている過去の経験を統合するためのワークに代わるものではないことには，注意してください。

プレイルームにおける私たちの過去

あなたは，子どもが養育者との間に築くアタッチメント（愛着）の安定性を左右する因子について，驚くべき知見があることをご存じでしょうか？　成人のアタッチメントインタビュー（AAI; PESI, 2012）により発

見されたその事実に，あなたもきっと驚くと思います。子どものアタッチメント形成における最大の予測因子として明らかになったのは，**養育者自身の人生についての意味づけ**だったのです。これは，養育者自身にどのような出来事が起きたのかに左右されるということではありません。養育者が自分の過去にどのような意味づけをし，その経験が彼ら自身の人間形成にどう役立ったか，首尾一貫したまとまりのある物語を語ることができるかどうかが重要であるということなのです。また，安定したアタッチメントをもつ成人は，自分の人生に起きたことがどのように自分の発達と人生の旅路に影響を与えたのか，ポジティブなこともネガティブなことも，平等に扱っていたことが分かっています（Siegel, 1999）。

　AAIの調査結果は，子どものアタッチメント形成の最も重要な要因が，養育者が自身のライフイベントに人間形成上の意味づけをする能力であったことを明らかにしました。すなわち，安定したアタッチメントをもつ成人は，人生における困難な出来事にも，何らかの意味づけをする力があるのです。

　セラピストがプレイルームで，このレベルの安定型アタッチメントを表現することができれば，子どもはあなたに強い関心をもつでしょう。なぜなら，**安定的なアタッチメントをもつセラピストは，プレイ中に「救済」しようとしたり，活性化を避けたり，プレイを止めさせたりすることがない，すなわち余計なことをしない**からです。子どもの攻撃性の真っただ中にも留まり，グラウンディングすることができ，攻撃性が展開する間も子どもの安全感を作り出すことができます。

　安定したアタッチメントは，攻撃性を取り扱うセラピストにとって重要な意味があります。なぜなら，攻撃性がプレイルームに現れたときに生じる神経系の活性化を抱えるためのキャパシティは，そのプレイとの類似性を感じる自身の生育上の経験をどれだけ上手く統合しているかと，直接的な相関関係があるからです。別の言い方をすれば，私たち自身が過去を統合すればするほど，より多くを保持することができるということです。

攻撃性に関する信念

　さらに肝心なことは，セラピストが自身の攻撃性を認識し，見守り，自分に向けられた攻撃性を抱えられるかどうかが，子どもの外部調整器としてのあなたの能力——自分の存在を感じながらグラウンディングを維持する能力を左右するということです。

　もし，あなた自身に，かつてあなたの存在を脅かしたようなトラウマ体験がある場合，プレイルームで生じた攻撃性とともに居る能力に影響を及ぼすでしょう。あるいは，攻撃性は有害かつ無益なので，封じ込めたり，止めさせたり，回避しなければならない，無目的な体験だと思い込んでいるとしましょう。しかし，その攻撃性を止めようとすればするほど，プレイを治療的な体験に変えるためのあらゆる戦略や技術は，無駄になっていくのです。

　ではここで，あなたがもつ攻撃性についての信念について考え，攻撃性とどのように関わるのかを探求していく質問をしたいと思います。以下の質問について少し時間を取って，あなたの感じることを書き出したり，表現したり，考えて誰かに話したりすれば，自分の体験を整理するのに役立つはずです。

- あなたはプレイルームで攻撃性の中にいるとき，どの程度安心を感じていますか？
- あなたは攻撃的プレイを見守ったり，積極的に参加したりすることが難しいですか？　そうだとすれば，なぜでしょうか？
- プレイルームに攻撃性が現れたとき，大体どのような対応をすれば良いでしょうか？　なぜそうするのが良いのでしょうか？
- 子どもがプレイルームで攻撃的になったとき，あなたの身体にはどんなことが起きますか？

- あなたがこれまで体験した攻撃性について思い出してみてください。まだ解決されていないと感じるのは，どのような記憶ですか？　その記憶の最悪な部分はどこですか？
- あなたは子どもの頃，一般的に攻撃的だとされる行動をしたとき，周りの人からどのようなメッセージを受け取りましたか？　そのメッセージはあなた自身にどのように働き，攻撃性についての信念にどのような影響を与えましたか？
- あなたはこれまで人生の中で，自分が攻撃者になった経験はありますか？　そのことについて罪悪感や恥を抱えていますか？
- あなたは現在の生活の中で，どんな場所で攻撃性を表に出しますか？　そのことについて罪悪感や恥を抱いていますか？

　最も重要なことは，私たちに実際に起きたこと自体ではなく，それをどう理解するのかということです。**攻撃性の経験をどう理解したのかが，攻撃性についての信念形成に影響**してきます。したがって，攻撃性を「悪いもの」とか「怖いもの」と思ってしまうと，プレイルームで出現する攻撃性の扱い方にも影響が出てくるのです。恐怖をより抱くほど，あなたの防衛パターンがプレイルームに持ち込まれる可能性は，当然高くなります。あなたの脳が，あなたを安全に保とうとするからです。ただ，もしあなたが攻撃性を恐れていたとしても，大丈夫です。私がこの本を通して教えていることを実践すれば，セッション中に恐怖が生じて，調整不全を感じても，調整された状態を維持しながらワークをすることができるはずです。

　私は，あなたが体験した攻撃性にまつわる出来事について，癒しとなるワークならどんなことでも取り組んでほしいと，強く思います。**子どもの攻撃性を抱えることは，クライエントへの最大の贈り物**の一つだからです。子どものクライエントたちは，彼らの攻撃性の中で，一緒に存在するようあなたに求めてきます。そこで，まずセラピストであるあなたが，身体に何が起きているのかを感じ，自分を調整することで，彼らが攻撃性とワー

クする際に外部調整器であるあなたの調整能力を借りられるようになるのです。

第5章キーポイント

- あなたの身体はプレイルームで最も重要なツールです。だから，あなた自身が身体とのつながりを発達させることが重要です。
- 同調しましょう（attune）：プレイを通してあなたの方法を感じましょう——決して考えるのではありません。
- あなたの耐性の窓は，子どもの調整不全を抱えて，調整を手助けするために，子どもよりも広くなくてはなりません。
- 子どもをプレイから救済したくなったり，プレイを中断したくなったりする衝動は，私たち自身の中にある治癒が必要な部分と相互関係があります。なぜなら，彼らの痛みが，私たちの痛みを思い出させるからです。
- 攻撃性についてのあなたの信念——攻撃性は悪いもので，止められるべきで，封じ込められねばならず，恐いものであるという信念は，プレイルームに攻撃性が現れた時に，そこに居つづける能力に影響を与えます。

第**6**章

調整の基本

　想像してみましょう。あなたは水泳に出かけましたが，水が少し冷たいです。私は毎年夏にコネチカット州の海岸に行くのですが，この文章を書いているときでさえも，その海岸の冷たい水の感覚を想像してみると，腕の毛が逆立つのを感じられます！

　さあ，あなたは水に飛び込みたいか，あるいは潜りたくなってきているでしょうか。ただ，今日はいつもと違うあなたを想像してみてください。今，水を前にびくびくしていて，あなたの脳は冷たい水を困難と認識しているようです。水に足を踏み入れてみると，すぐに足と足首に水の冷たさを感じます。これは冷たい！　あなたは少し驚きましたが，その感覚によって立ち止まり，一呼吸します。身体がだんだん慣れてくると次の一歩を踏み出し，今，膝まで水に浸かりました。きっとあなたもそうだと思いますが，こんなとき，肩をすくめて，感覚を調整しようと手を開いたり閉じたりしながら「寒い，寒い，寒い」と言ったり，あるいはもっと"品のない表現（G-rated）"で叫ぶかもしれません。数分後，また慣れてきたあなたは次の一歩を踏み出すと，水位はお腹まで上がってきました。これは大変です。感覚はより強烈になり，身体のすべての筋肉を緊張させて，そのショックを扱おうとします。そしてもう一呼吸をして身体をリラックスさせて，冷たさに順応するのを助けようとします。最終的に，温度に耐えら

れるようになると，爽快に感じてきます。これであなたは，もう十分泳げるようになりました。

　では，冷たい水に入ったときに，あなたが自然と行った調整を振り返ってみましょう。まず，あなたは身体の感覚とのつながりを強めるために，マインドフルでいること，身体の感覚に意識を向けることをしました。活性化を調整するため，呼吸と動作も活用しました。もしかすると，大声で叫んだり，悲鳴を上げたり，「おう！　これは冷たい！」と言語化するのも役立ったかもしれません。こうした行動はすべて，完全に水に浸るまでの動作の中で，激しい感覚を調整しようと自動的に用いられた戦略です。

　これらは，プレイルームで使用できるプロセスとまったく同じなのです。Synergetic Play Therapy の考え方に基づけば，セラピストがバーンアウトや，共感性疲労の症状につながり得る高い調節不全から身を守るためには，**まず初めに自分の身体を調整する必要がある**のです。こうした状態に陥ると，前章で学んだように，プレイに居続けることができなくなり，プレイ自体を中断しようとさえします。これはさらに，子どもたちがつながりの中で安全を感じられなくなる状態を引き起こします。セラピストが自分の調整のステップを経て，外部調整器の役割へと進むことで，はじめて子どもはセラピストの調整キャパシティを借りることができるのです。

酸素マスクはあなたが最初に着けましょう！

　飛行機に搭乗すると離陸前に，緊急の場合に従わなければならない安全確保の手順が客室乗務員からアナウンスされます。きっとスピーカーからはこんな声が聞こえるでしょう。「客室内に十分な酸素が供給できなくなった場合，座席上のコンパートメントから酸素マスクが下りてきます。もし，お客様がお子様や介助が必要な方とご搭乗の場合でも，まずご自身が先にマスクを着用してください」。航空会社もこの「自分を優先する原則」

を理解しているのです。つまりあなたは，他の誰かを助ける前に，自分が呼吸するのを助けなければなりません！　この大原則は，子どものクライエントに調整を教える方法を身につける上で，大切な基礎の一つなのです。

　子どもの調整を手助けする前に，あなたは自分を調整する必要があります。

　子どもたちがプレイをして神経系が活性化するにつれて，彼らの記憶や感情，身体感覚が現れてきます。私たちはそこで，意識的に気づいているかどうかにかかわらず，**共鳴**と呼ばれるプロセスを通じて神経系の調節不全状態を感じます。覚えていますか，私たちの脳は私たちが意識的に記録するより多くの情報を取り入れていました。Siegel（2012, p. AI-69）は共鳴を，「**2つ以上の相互作用しているものが，影響しあって一つの共生関係になること**」と定義しています。

　子どもたちは，私たちがマインドフルに感じているということを必要とします。それは私たちが子どもたちに同調し続けて，ともに存在し続けるために必要なことです。**存在する**という経験は次のように説明できます。

　　プレゼンス（存在） とは，それが起きたその時に，起きていることに気づき，自らの内なる精神の流れを深く感じ，他者の内なる人生に同調することです。他者のために存在するということは，私たちが彼らの内的世界で起こっていることに共鳴し，彼らの感情を感じる本質

的な方法を作り出すことを意味します（Siegel, 2013, p. 218）。

　セッションで子どもが調節不全になっているとき，彼らが発する非言語と言語的な手がかりはすべて，彼らの中で起きていることを知るための情報となります。そして，私たちの脳がその情報を記録すると，それは彼らと共有された経験として扱われます（Iacoboni, 2008）。私たちはクライエントが不快を感じている様子を目にすると，まるで自分がクライエントと共に苦悩しているように感じられるのは，そのためなのです。

　これが要点です：あなたが激しいプレイセラピーのセッション中に調整不全になるのは仕方のないことです。すでにお分かりのとおり，私たちの脳は脅威と困難を感知するように設計されています。そして覚えておいてほしいのは，私たちの仕事は，起きていることを回避して防ぐのではなく，起きていることを通して調整することにより，自分の存在を保ち，腹側迷走神経を活性化する方法を身につけるということです。そのプロセスにより私たちが調整能力を強化すると，子どもたちが自分の意思で調整能力を使うためのモデルとなるのです。

人は誰かの真似をするもの

　子どもたちは自分の感情を調整する方法を，養育者の応答を観察し，それを知覚することで身につけるのはよく知られたことです。これは，**ミラーニューロンシステム**の働きによるものです（Iacoboni, 2007; Rizzolatti, Fogassi, & Gallese, 2001）。「あなたが感じることを私は感じる」とも言われるような感情的共感システムですが，このような他者の感情との同期は，顔の表情やボディランゲージを読むこと，声のトーンを解釈することで可能になります。

　このシステムは，繰り返し観察した他者の行動の意図を理解し，模倣す

ることも可能にします（Bandura, 1977）。つまり，観察したり模倣したりすることが，私たちのこころにメンタルモデルを取り入れるのにも役立つということです。（Heyes, 2009）。ミラーニューロンの素晴らしい働きは，幼稚園のクラスで一人の子があくびをしたときに何が起こるのかを観察すればよくわかるでしょう。一人のあくびにつられて連鎖反応のように，他のほとんどの子どもたちもあくびをするはずです。また，父親や母親の真似して，赤ちゃんが舌を突き出そうとする動きも，ミラーニューロンの働きによるものです。赤ちゃんが両親の動きを観察するとき，脳内のミラーニューロンが自動的に活性化され，運動神経に刺激が伝達し，舌を突き出す信号を出します。ロールモデリングが学習プロセスの重要な要素である理由は，この現象から説明することができます。こうしたミラーニューロンシステムは治療過程において，セラピストとクライエントの間の深い共鳴と，それによる相互作用を可能にすると考えられます。したがって，子どもたちはセラピストを観察しモデリングすることで，プレイ中に生じる困難な感情を通じて調整する方法を学ぶことができるのです。これこそが攻撃的なプレイで子どもが取り組む中心的な目標の一つであり，攻撃性を取り扱うことがカタルシスとは大きく異なる所以です。

　私たちが他者を観察するとき，その人物のメンタルモデルを形作ろうとして，行動のパターンや感情の背景にある目的を探索します（Iacoboni, 2008）。このようなメンタルモデルの形成も，ミラーニューロンシステムの主な機能の一つです。観察した行動の背景にある目的を読み取ると，その行動を模倣できるようになります。つまり，ミラーニューロンシステムには，他者の行動をコピーできるような準備をする役割もあると言うことができます。これが，子どもたちが大人や自分の周りの他の子どもたちの行動をモデルにして，コピーする理由なのです。

　社会心理学者の Tanya Chartrand と John Bargh の実験は，ミラーニューーロンについて興味深い事実を教えてくれます。その実験では，まず被験者に一組の写真を見せて，そこから自分がなんらかの刺激を受けた写真を

選ぶようにと指示をします。ところが，同じ部屋には被験者になりすました「サクラ」がいて，彼らは実際の被験者が写真を見ている間，顔をこすったり，足をぶらぶらさせたりするなど，わざとらしい動きをするように指示をされていました。さて，そこで一体何が観察されたのでしょうか？なんと，実際の被験者は無意識のうちに，サクラの意図的な動きを模倣し始めたのです（Iacoboni, 2008）！

　この研究結果をプレイルームに転用してみるとどうでしょうか。子どもが攻撃的なプレイを展開しているとき，セラピストが調整不全を感じながら意図的に調整のモデルを示し始めると，子どものミラーニューロンシステムもセラピストが用いた調整戦略をコピーし始めるでしょう。セラピストが子どもを外部から調整する方法の一つです。激しい感情にさらされる中でセラピスト自身が調整すると，子どもの神経系が調整に向かうのを推し進める働きもします。そして，セラピストが自分の呼吸，動作，身体感覚にマインドフルでいると，まるで赤ちゃんを揺り動かすかのように，子どもの調整不全に働き，調整された状態に戻す手助けとなるのです。

不安に取り残されたマイキー

　「ここに座って」。5歳のクライエントであるマイキーは，部屋の真ん中にある小さな島に見立てられた円を指して言いました。「ここが島だから，ここに座って，絶対動いちゃダメだよ」。彼が話したのはたったそれだけで，セッションの残り時間，完全に沈黙してしまいました。私のほうはその「小さな島」に座っていると，だんだん胃が締めつけられてくるのを感じます。ちょっとでも動けば海に落ちてしまうとわかり，不安にもなってきます。一息つくのも難しいくらいです。やがて，サメのフィギュアが私の島を旋回し始め，私の中でいよいよ不安が高まっていきます。すると，サメが私をにらみつけて，もてあそび始めました。私の身体は恐怖の反応

を示し，呼吸は浅くなり，体が緊張するのを感じます。サメが水から飛び出して私に突っ込んできました。鋭い歯で私の腕に嚙みついて，まったく離れません。私もプレイ上の表現をします。「サメが私の腕を嚙んでいて，離れてくれないの！　とても怖いわ！」

　ようやくマイキーは，サメの口を開けて私の腕を解放し，サメは水に戻りましたが，また私のいる小さな島を旋回し始めました。ここで私は，次の展開を待っているときに，息が止まっていることに気づきました。プレイでは逃げることができないのです。その後，もう一度，サメが水から飛び出して私に嚙みつきました。それは数分にも感じられましたが，サメが強く嚙みついている間，私は痛いふりをして，悲鳴を上げました。ここでまたマイキーは，サメの口を再び開けてくれたのですが，私はまた嚙みつかれるのではないかと心配しながら，プレイの中で小さな島に座っていました。

調整の見本となる

　さて，ここでコネチカットの海岸で冷たい水に足を踏み入れようとしているシナリオを思い出してみてください。とても冷たい水の感覚が意識に入ってくるとき，その困難な感覚に向き合うために，マインドフルネス，呼吸，動作，そして体験していることを声に出しました。では，今度は，これらのテクニックはそれぞれ，マイキーとのプレイのようなセラピーの場面でどのように使えるのか，そして，それがマイキーと私の両方にどのような効果を与えるか，考えてみましょう。

マインドフルネス

> マインドフルネスとは，気づきを意味します。それはつまり，あなたがしていることを知るということなのです。
> ——Jon Kabat-Zinn『どこへ行っても，そこにいる：日常生活におけるマインドフルネス瞑想』（1995）

　調整は，マインドフルネスから始まります。それはまず，「何があるか」に気づくことから始まるということです。したがってセラピストが，**反射的傾聴（伝え返す）**や，**聞いたことのミラーリング（映し返す）**に多くの時間を費やすことが，マインドフルネスを促進する要因となります。同様に，観察的なコメントをしながら子どものプレイを追跡するのもそのためです。このような方法で，クライエントがマインドフルネスに取り組み，話すこと，していること，感じていることに気づけるよう援助していきます。

　Allan Schore は，同調しているセラピストは，プレイにおいて子どもたちに困難な感情状態や彼らの感情の再演のなかに投げ込まれても，距離を置いたり防衛的になったりせず，マインドフルネスを使って内なる感情と感覚を開放すると説明しています（1994）。さらに，オーセンティックに内的な対話をすることで，認知，感情，感覚運動の状態を詳しく読み取り，活性化を抑える調整をし，他にも呼吸と動作による身体感覚の調整のモデルとなることもできるのです。（Badenoch, 2008）。

　プレイルームでは以下の目的でマインドフルネスを活用するといいでしょう：

1. 私たちが体験していることに気づくため，そして腹側迷走神経の活性化を維持してクライエントと共に存在できるよう，自分の神経系の活性化を効果的に調整するため。これによりクライエントは，私たちの調整能力を借りることができます。

2. クライエントの内なる世界を感じ，クライエントにも私たちを通して「感じて」もらうため。

3. クライエントの非言語的手がかりに気づき，より彼らに同調して感情的な氾濫を追跡するため。

4. クライエントが自分自身に気づきを向ける援助として，反射的傾聴や観察的なコメントができるよう，クライエントのプレイに気づきを向けるため。

5. クライエントに対して萎縮したり距離を置いたりせず，プレイに現れる感情により開かれた感覚でいられるよう，身体感覚や感情に気づきを向けるため。これにより，子どもも同じ振る舞いができるようになります。

6. 私たち自身とクライエントの両方に気づきを向けられるよう，二重注意を保持するため。

　マイキーとのセッションでは，マインドフルネスと気づきを向けることから始めなければなりませんでした。一旦私が彼と自分に気づきを向けられるようになれば，呼吸と動作，そして体験の言語化，さらにプレイを追跡して観察したコメントをすることができ，彼の外部調整器になれます。そして，マイキーが自分の神経系の再構築をし始めて，過去のトラウマ的記憶に関連する思考，感情，および身体感覚をプレイの中で表現するのを支えました。

呼　吸

　　　呼吸を調整すれば，おのずとそれが心のコントロールとなる。
　　　　　　　　　　　　　　　　　　── B. K. S. Iyengar（1979）

　呼吸は神経系に大きな影響を与えます。実際，私たちは調整不全になったときに呼吸が乱れますが，逆もまた然りなのです。では，ある呼吸の仕

方が，身体に調整不全の状態を作り出すことができるのを知っています
か？ **呼吸が浅い（吸気が呼気より長い）場合は，交感神経系が活性化し，
不安と圧倒される感覚**になります。一方，**長時間にわたり呼気が吸気よ
りも長い状態が続くと，副交感神経系が活性化されて，低覚醒の症状を感じ
るようになる**でしょう。激しい攻撃的なプレイの最中では，自律神経系の
活性化により呼吸が影響を受けます。だからこそ，プレイルームで体験し
ている神経系の活性化を調整する最良の方法の一つが，呼吸法なのです。

　マイキーとのセッションで，私の呼吸はどうだったでしょうか。まず彼
が私のために作った島に初めて座ったときに，自分の呼吸が変化したこと
に気づきました。息を吸うのが難しくなったので，胸に緊張を感じるよう
になります。それに気づいたとき，肺により多くの空気が入るように深呼
吸をしました。また，サメが私を囲み始めると，今度は安全を脅かされて
いるという知覚が私の呼吸に影響を与えます。心拍数が早くなると同時に，
肺のスペースがほとんどなくなったような感覚も味わいます。ここで私の
呼吸は浅くなりました。次に，サメが私の腕に噛みついて離れなくなった
時には，身体にパニックの感覚が生じたのに気づいたので，筋肉の収縮に
対処するためにできるだけ吐く息を長くするように意識しました。ようや
くサメが離れて水に戻ると，呼吸を完全にすることで自分自身を調整し始
めて，身体はプレイの中で高まったエネルギーを解放することができました。

　プレイルームでは以下の目的で呼吸を活用するといいでしょう：

1. 子どもたちが展開するプレイとその物語に反応して生じた，神経
   系の調整不全を調整し，自分自身の存在との同調を維持するため。
2. 外部調整器として，不快な思考，感情，感覚に向き合い続けてい
   られる子どもたちの能力をサポートすべく，プレイ中の神経系の
   活性化を穏やかにするため。
3. 子どもたちの神経系の調整不全状態を統合するのに大切な，子ど
   もたちの呼吸を促進しつつ呼吸の見本を示すため。

4. セラピスト自身が調整不全を感じたとき，腹側迷走神経の状態を活性化するため。

マイキーがプレイによって私たち両方の交感神経の反応を活性化したとき，私の呼吸が頼みの綱となりました。私が呼吸をすると，マイキーも合わせて呼吸をします。彼は呼吸をする度に，そのパターンを変化させました。安全であると感じるために，私の呼吸をうまく使っていました。

動　作

> 身体は，いつも私たちを原点に導いてくれる……もし，私たちが
> ただ感覚を信じ，適切な行動や動作，洞察，感情が現れるまで，感
> 覚とともにありつづけることを身につければ。
>
> —— Ogden, Minton & Pain, 2006

治療の目標は，困難な感情や感覚を通して調整する方法を子どもたちに教えることにありますが，動作もその治療的プロセスをなす要素の一つです。動作を治療的に活用しなければ，困難なエネルギーが生じた場合にうまく乗り切る方法を身につけるのは，難しいと言えるほどです。

プレイルームでは以下の目的で動作を活用するといいでしょう：

1. 私たちが体験していることに気づきを向けるため。
2. 神経系を調整するとともに，調整不全状態の滞りを解消するため。
3. セラピスト自身が動作をすることで，子どもたちも自分の内部状態を扱う方法として動作を使えるようにするため。

マイキーとのセッションで，私は小さな島にいなさいと言われ下半身が動かせない状態でしたが，上半身と腕は動かすことができました。そこで，サメが噛みつくまで島を旋回している間を利用して，上半身を動かし，プ

レイにおける神経系の活性化で蓄積されたエネルギーの一部を解放しました。そして，プレイで嚙まれた「傷」の手当てをする意味で，その周辺をマッサージし，腕を抱えて守ることで，セルフケアと自分とのつながりのモデルを示しました。さらに，トラウマ的エネルギーが下半身で滞らないよう，足をさすったりもんだりして，エネルギーの流れを作りました。加えて，グラウンディングし自分自身とつながる方法として，心臓の辺りに手を当てて，優しくさすります。この動作の間，マイキーはずっと私を観察していました。

　このような動作の方法に正解はありません。私はただ，自分の身体の求めることを信じて，その**「身体の声」**にしたがっただけなのです。ただしそれは，子どもから体験するようにセットアップ（第7章参照）されたプレイの文脈のなかから拾い上げたものでなければならないことを，覚えておいてください。たとえば，あのとき私は，立ち上がってエネルギーを振るい落とすような動作はしませんでした。なぜなら，小さなエリアに留まり，閉じ込められて，マイキーと同じように不安を感じることが重要だったからです。したがって，私が示したエネルギーの調整モデルは，プレイの中でマイキーから与えられた役割の範囲内の動作でなければなりませんでした。

あなたが体験していることを声に出して言葉にしましょう

　ほとんどのセラピストが，あらゆる調整の方法のうち，自分の体験していることを言葉で表現するのが最も恐ろしいと思っています。言葉にしてしまうと，子どもたちを圧倒したり，かえってセラピストの世話をするよう子どもたちを仕向けてしまうので良くない，というふうに思い込んでいるようです。しかし，あなたが自分の体験を言語化することは，子どもが展開するプレイへの大切な応答であるということを，覚えておいてほしいのです。

一方で私たちは，自分のことはさておき，養育者には繰り返し「言葉に出して伝えて」と教えているのは，ちょっと面白いことです。感情を声に出して言葉にすることの重要性を教えているのに，私たち自身はプレイルームでそうしようとしません。子育ての文脈では，養育者が感情体験を表現すると，子どもたちのモデルとなって教えることができる，というように，大人が自分の体験を言語化するのは素晴らしいことだと，根拠をもって励ましているにもかかわらずです。Fonagy と Target（2002）は，養育者が自己内省に取り組むと安全感が生じると主張しました。また子どもたちは，養育者の伝え返しによって，自分の体験に好奇心を持つようになります（Levy, 2011）。Levy と Ginott（1965），Gottman（1997），Post（2009）も，性格に言及するのではなく行動について言及する限りは，子どもに対して自分の感情を正直に，声に出してはっきりと表現することが，大人にとっても重要であると信じていました。もしこれを避けると，子どもと大人の両方の調整不全と過覚醒を助長する可能性があるのです（Gerhardt, 2004）。

Daniel Siegel と Tina Bryson（2011）によれば，内的体験を声に出して言語化することは，人が痛みを伴う状態を乗り越え，神経系を調整する助けとなるそうです。体験の言語化は脳の扁桃体に鎮静効果をもたらします。Siegel はそれを説明するために「**名前をつけて飼いならす**（Name it to tame it)」というフレーズを造り出しました（Siegel, 2011）。あなたの体験を声に出して言語化することにより，意識下のことがらのなかに自分を置きながら，内的状態により柔軟に働きかけることができます。Allan Schore（1994）によると，このとき脳内では血液が右前頭前皮質に流れていくということですが，このプロセスが感情的な調整には不可欠なのです。

マイキーと遊んでいたとき，私は自分の内的体験を声に出して言葉にすることができました。サメが私の島を旋回していたときに，「怖いわ！」「安全ではないわ！」と言いました。そして，初めて島に座ったときには，「お腹が緊張していて，不安を感じているわ」「深呼吸するのが難しいの」

と言いました。また，サメが攻撃してきた時やその後には，実際に腕を噛まれたら発するような声を出しました。

　プレイルームでは以下の目的で体験を声に出して言葉にするといいでしょう：

1. 子どもたちが私たちにそのまま体験させようとしている，さまざまな感情状態や身体感覚について，言語的に表現するため。
2. クライエントが自分の体験にも名前をつけられるようにするため。
3. 私たちが自分の体験を言語化し，その体験を理解していることを伝えることで，クライエントが自分の感じていることに目を向けられるようにするため。
4. 私たち自身の神経系を調整し，自分とのつながりと腹側迷走神経の活性化を維持するため。

　マイキーが激しいプレイを展開したとき，プレイルームの中では私が激しい感情の調整をする外部調整器です。ですから，自分自身とつながり，身体に生じる不快な感覚を積極的に感じて，それに働きかけなければなりません。そこで，身体感覚や感情を解放したままにすることでプレイを促進しつつ，一方で実際には危険に曝されていないという認識を維持しながら，そこにとどまり同調することができました。Dan Siegel（2007）が説明したように，セラピストがクライエントの感じていることを積極的に感じると，クライエントのほうでもセラピストに「ちゃんと感じてもらえた」という感じがしてきます。マイキーが，統合に苦しんでいた記憶，感情，感覚に向き合うのを可能にしたのは，調整のモデリングと相まって，「ちゃんと感じてもらえた」という感覚でした。活性化を意識的に感じ強い感情状態に向き合うと，その感情から逃げないで体験に向き合っても大丈夫なのだというモデルとなります（Siegel, 2010; Ogden, Minton, & Pain 2006; Ogden, Pain, Minton, Fisher, 2005）。こうした調整が，マイ

キーの耐性の窓の中に留まる能力をサポートし，プレイをエスカレートさせることなく統合へと向かうのに役立ったのです。

　もちろん，1回のセッションだけで過覚醒を扱う方法は身につけられませんが，数回のセッションを経て，マイキーに自分で神経系の調整をする徴候がみられるようになりました。それから数セッションのうちに，マイキーの呼吸パターンとタッチに対する感受性が変化します。両親からは，彼が今までと違ったやり方で，自分がどのように感じているか話せるようになったと報告がありました。そして，攻撃的な行動も明らかに減少したということでした。プレイのテーマもまた，トラウマが統合されるにつれて，「安全と養育」へと変わっていったのです。

第6章キーポイント

- 子どもたちは主に，観察と，ミラーニューロンシステムの機能といった方法により学習します。ミラーニューロンシステムの機能により，子どもたちはセラピストの使う調整戦略をコピーすることができます。
- セラピストは子どもたちの調整をサポートする前に，まず自分自身の神経系を調整しなければなりません。
- 子どもたちがプレイをするときに，セラピストは共鳴と呼ばれるプロセスを通して，子どもの神経系の調節不全状態を感じるでしょう。
- 呼吸，動作，そしてあなたの体験を言語化すること（体験に名前をつける）は，調整プロセスにおいて重要な要素であり，そして，それらはプレイルームでの攻撃性の統合をサポートするために活用されます。
- マインドフルな気づきは，調整と統合に向けた最初のステップなのです。

第7章

セットアップ

> あなたの周りで起こっていることはすべて心に根付いているのだ
> ということを常に覚えておいてください。原因はいつでも心にあり
> ます。それはプロジェクターであり，外界はあなたが自分を投影す
> るスクリーンでしかありません。
>
> —— Osho（1983）

　子どもたちはプレイルームに来ると，彼らが感じていることを私たちが
感じるように「**セットアップ**訳注1)」します。言い換えると，私たちは，彼
らが身ぶり，言葉，行動を通して示すことから，彼らの体験に関する洞察
を得ているということです。子どもたちはおもちゃに対してもセットアッ
プをします。ここがまさしく，プレイセラピーにおける投影的プロセスの
核心であるといえます。そして，**子どもたちはセラピストが自分と同じこ
とを感じるようにセットアップすることによって，どのように感覚や感情
を処理すればよいかを観察する機会を得ています。**この事実は，しばしば
見過ごされ，誤解されがちですが，セットアップは子どもが伝えようとし
ていることを理解するための，基本的かつ重要な手がかりなのです。

訳注1) セットアップ：子どもがプレイの場面でルールや設定を作り出すこと。多くの場合，子
　　ども自身の過去の体験やそこから実際に生じた恐怖や苦痛などの否定的な感情をセラピス
　　トに理解してもらうために行われると考えられる。

> 子どもたちは，自分の内なる世界をおもちゃやセラピストに投影
> し，自分と同じような知覚を体験するようにセットアップします。
> ——Synergetic Play Therapy の理念

　子どもが不安を感じる場合，あなたやおもちゃは不安を感じるようにセットアップされるでしょう。子どもが拒絶と闘い，自分の存在を良いものと感じられない場合，あなたとおもちゃは拒絶され，だめだと感じるようにセットアップされるでしょう。同じように，子どもが圧倒されていると感じる場合は，あなたとおもちゃは圧倒されていると感じるように，また子どもがコントロールされていると感じている場合は，コントロールされていると感じるようにセットアップされるのです。この Synergetic Play Therapy が定義するセットアップというプロセスは，操作的なものではありません——それは，私たちがクライエントを理解するための「とても価値ある情報の贈り物」なのです。

 考えてみましょう

少し時間を取って，あなたの最近のプレイセラピーセッションについて考えてみてください。子どもと一緒に部屋にいるところを振り返り，子どもとの関係がどのようなものだったかを感じてみてください。そして自分に問いかけてみましょう。「私は何を感じるようにセットアップされたのだろう？　おもちゃは何を感じるようにセットアップされたのだろう？」。あなたの神経系で何が起こっていたかを考えてください。あなたは過覚醒でしたか？　低覚醒でしたか？　それとも過覚醒と低覚醒を急激に行き来しましたか？　この情報が子どもの世界とどのように関連するかをよく考えてみてください。

　前章のマイキーの話に戻りましょう。マイキーは私に何を感じさせよう

としたのでしょうか？　私が小島に座った時，身体に不安と恐怖を感じま
した。閉じ込められて，自分を守ることができないという感覚がありまし
た。それから，プレイのわずかな時間でも，息切れを感じました。では，
これらの私の身体に起きた反応は，マイキーの人生や，彼が統合しようと
しているトラウマにどのように関連しているのか，考えていきましょう。
マイキーが生まれて間もなく，両親は彼が多くの触覚過敏を持っているこ
とに気づきました。また呼吸することにも困難があり，幼い頃には頻繁に
パニック発作を起こしました。発作を起こすとしばしば入院しなければな
らず，病院で彼は注射をするために押さえつけられ，身体にはモニターを
つけられました。こうした体験をマイキーがどのように認知したか，想像
してみてください。不安を感じたのでしょうか？　恐怖を感じたのでしょ
うか？　注射の痛みや，敏感な肌につけられたモニターの感触はどうでし
ょうか？　逃げることも身を守ることもできず，無力感を感じたのでは？
息苦しさもあったことでしょう。正確にはわかりませんが，きっとこのよ
うな体験をしていたのではないかと推測することはできます。

　マイキーは，彼自身の認知や体験を私に感じさせるセットアップをする
ため，必要なあらゆることをしました。そして，私がその体験をどう扱う
かを観察しました。これと同様に，マイキーは自分の感情と感覚を統合す
るために，自分の内側で起こっていることを感じようと，「他者をセット
アップする」のに生活の多くの時間を費やしていたのです。彼が治療のた
めに連れてこられた主な理由は，攻撃的でしばしば周りの人をショッキン
グな方法で怖がらせ，ときには人を身体的に傷つけようとしたことにあり
ました。しかしながら，マイキーの行動をセットアップの観点から見ると，
内面を統合しようとしていることを周りの人に示すための，できる限りの
訴えかけであったということがわかります。

　ただ残念ながら，誰もが彼を抑え込み攻撃的な行動を止めさせようとし
て，過覚醒状態になった神経系の中で生じた活性化を，どのように扱うか
を教えるモデリングをすることはありませんでした。彼の攻撃的行動がコ

ミュニケーションと調整の試みであることを理解していなかったからです。ここで覚えておいてほしい大切なことは，マイキーと一緒にセラピーをするためには，彼の歴史を知る必要はないということです。このセラピーを行うのに，生育歴を詳しく知らなくても大丈夫です。**あなたは子どもにセットアップされる**からです。そこで，子どもに実際何が起きたのかを知らなくても，ここで学んでいることを使えば，クライエントの困難な記憶と，それに伴う内側の感覚・感情を統合するのを，助けることができるのです。

片足を内に置き，片足を外に置く

　私がこの本を通して伝えたいキーポイントはいくつかあって，これから共有しようとしている考えもその一つですが，ぜひこのパラグラフだけは，マーカーを引いたり，星印を付けたりして，目立つようにしておいてほしいのです。

　あなたが映画を見たときのことを思い出してください。見終わって2時間以内に自分の怒りや悲しみ，恐怖，極度の警戒心，またはこれら全てに気づいたことがあるでしょうか？　もちろん，誰にでもあることでしょう！　映画に夢中になって，実際に自分が出演しているように感じ，映画を見ているということを忘れてしまうのは，ありふれたことです。さらに

一歩踏み込んで考えてみましょう。映画を見ている時に体験する感情の全ては，まったく現実の生きている人に対する反応ではないことを理解してください。あなたはスクリーン上の俳優に反応しているのです。彼らには，実際に事件は起きていません。さらにもう一歩進んでみます。あなたが反応しているのは，ピクセル化されたスクリーンに映った映像にすぎないと理解してください。これでもまだ，あなたの身体が体験していることは正真正銘のものではなく，「リアル」でもないのだとあなたを説得するのは一苦労でしょう。これと同じ現象が，プレイセラピーのセッションでも起きているのです。私たちは子どもとのセッション中，激しいプレイをリアルに感じます。私たちが「積極的な参加者」であるか，「プレイの観察者」であるかには関係ありません。この場面でこそ，腹側迷走神経の活性化が必要になるのです。

　マイキーは，彼自身の知覚，そして彼が乗り越えてきた人生の出来事を私に体験させるために，プレイにより私をセットアップしました。けれども私は，それが実際に自分の身に起きているわけではないことがわかっています。もちろん本当に「小さな島でサメに襲われている」わけではありません。ただし，私の身体はそれを理解できないのです。これが本書でぜひ理解してほしいキーポイントです。

　私たちはそこにいなければなりませんが，同時にそこにいてはいけません。すなわち，あくまでも子どものプレイであることを理解しつつ，プレイを観察している時に自然と生じてくる身体の調整不全の状態は，リアルなものとして自分自身に感じさせなければならないということです。Teresa Kestly（2014）は，それを**フェルトセンス**[訳注2]（脳の右半球）と**意識的気づき**（脳の左半球）を同時に追跡する能力であると説明しました。これらの両方の体験を追跡することが，安全のニューロセプションを維持する方法であり，これにより調整しながら自分の存在を保つことができる

訳注2）フェルトセンス：身体感覚への気づきのこと。ある特定のことがらに意識を向けたときにわき起こる自分の身体の内部の状態（変化）を認識すること。

のです。この二重の気づきを保持しないと，クライエントから離れすぎたり，クライエントと融合したりする危険性があります。マインドフルネス，呼吸，動き，そして体験に名前をつけることはすべて，片足を内に置いて片足を外に置く能力をサポートする方法なのです。

　私は自分の生徒たちに，体験をリアルに感じつつそれに飲み込まれないことをプレイルームで忘れないよう，そのおまじないとして，**「片足を内に置いて，片足を外に置く」**と念じてもらっています。

　では，あなたがプレイルームにおいて「片足を内に置いて，片足を外に置」いているのはどんなときか，具体的なヒントをいくつかお伝えしましょう。

- あなたは時間を追跡することができます。セッションのどの時点でどれだけの時間が残っているかがわかります。
- あなたは自分の周りで起こっていることに気づいており，子どものプレイの中でそれを見失うことはありません。
- あなたは攻撃的行動が起こり，プレイが激しくなった場合でも，自分が安全であることを知っています。
- あなたは自分の身体を知っています——あなたは自分の呼吸を追跡して，自分の内側の感覚に気づくことができます。
- あなたは子どもの身体の活性化と調整に気づきながら，子どもを認識し，子どもの非言語の手掛かりを追跡できます。
- あなたは本気でプレイをする必要はありません。
- あなたは子どものプレイで生じる感情を感じることができますが，それらに巻き込まれることはありません。
- あなたは子どもを苦痛から救うためにいるわけではありません。
- あなたは子どもと「一緒にいる」という感覚を持っていますが，同時に子どもとは別の存在であることも認識しています。

それは私か？　それともあなたか？

> 他の人を見ると，私たちは彼らと自分自身の両方を見つけます。
> —— Iacoboni（2017, p. 139）

「私が感じているものが自分のものではないということを，どうやって知るのですか？」

「子どもの体験と自分の体験をどうやって区別するのですか？」

これは，投影プロセスについてよく聞かれる2つの疑問です。

二人の人間の間で何が起きているのかを理解するために，ミラーニューロンシステムの別の側面を，もう少し見てみましょう。ミラーニューロンという脳神経細胞の働きは，1980年代にパルマ大学で Giacomo Rizzolatti, Giuseppe Di Pellegrino, Luciano Fadiga, Leonardo Fogassi, Vittorio Gallese らにより発見されました。この発見は，**私たちが他者と関係している時の体験は共有された体験である**，ということを理解する上で大きな一助となりました。実際に，二人の間の体験を区別することは，本当にできないのです。Dan Zahavi（2001）は，「互いに照らし合っており，相互のつながりの中でしか理解できない」と述べています。Iacoboni もやはり，「自分と他者を人為的に分離することはできないし，すべきではない」と，はっきりと述べています（2008, p. 133）。これは，「他の人の中に，自分自身を見ている」ということを，事実上意味しているのです（p. 134）。

ちょっと想像してみてください。あなたがこの本を読んでいる時，突然，女性が部屋の中に入ってきました。あなたはすぐに彼女の方を向いて，意識的かどうかにかかわらず，その表情と身体のエネルギーを認識します。あなたが観察しているその人は，素早い動作でこちらに向かってきており，彼女の目は大きく開かれ，狂気に満ちています。こんな想像をしてみると，どう感じるでしょうか？　あなたが自分の身体に同調しているのなら，おそらく少し不安を感じていることに気づくはずです。ここで問題なのは，

それが誰の不安なのか？　ということです。あなた自身の不安でしょうか，それともその人物の不安を感じているのでしょうか？　答えは，両方です。

　つまり，他者を観察するとき，私たちの脳内では観察したことの完全なシミュレーション――運動的な要素さえも――が造り出されているのです。それはまるで，観察している対象の人物そのものになっているかのような瞬間です。脳にはこのような他者の体験をリアルなものとして感じようとする性質があり，また観察したことを他者と共有された体験として扱います（Iacoboni, 2008）。

　Iacoboni は著書で次のように述べています。

　　　私たちのミラーニューロンは，他者の感情表現を見ると，あたかもそれらの表情を自分で作っているかのように神経接続をします。この接続によって，ニューロンは辺縁系の感情的な脳の中枢にも信号を送り，他者が感じていることを感じさせます。(p.119)

　では少し時間をとって，これがプレイルームでの出来事とどのように関係するか，これまでに学んだことをまとめましょう。私たちが子どもたちのドラマチックなプレイに参加したり，またプレイの観察者でいるとき，彼らが発する非言語的および言語的な手掛かりを受け取っています。手掛かりというのは，つまり，子どもたちの自律神経系の活性化のさまざまな状態のことです。プレイ中に，子どもたちの内側で困難な思考，感情，感覚が生じると，同時に自律神経系が活性化してきます。交感神経の活性化または背側の副交感神経の活性化の徴候が見え始めるはずです。ここであなたが子どもを観察する時，あなた自身の中でもソマティック（身体的）な変化を体験するでしょう。それは望むかどうかにかかわらず自然に起こることで，このため私たちはプレイをとてもリアルに自分の身体で感じるのです。

　Marco Iacoboni（2008）は次のように述べています。

　ミラーニューロンは，反射とは異なった，他者の表情の自動模倣（または「内部模倣」）を供給します。このプロセスは，意図的な表情の模倣の認識を必要とするものではありません。また同時に，ミラーニューロンは脳の辺縁系にある感情中枢に信号を送ります。これらの信号によって引き起こされる大脳辺縁系の神経活動により，観察された表情に関連する感情を感じることができます……これらを内側で感じることで，はじめてはっきりと感情として認識することができます。(p. 112)

　私たちセラピストが，認識しておかなければならないパラダイムシフトがあります。それは，**プレイルームでは転移と逆転移は避けることができない**ということです。そこで進行していることは唯一これだけだとさえ言えるでしょう——**転移と逆転移こそが治療的な展開をもたらす**のです。治療は，臨床家とクライエントの間で共有される体験で，双方が活性化されるものです（Bullard, 2015）。

　しかし，私たちは，自分が活性化することをとても恐れていて，どういうわけかそれが子どもに害を及ぼすとさえ考えています。そのため，神経科学が現在明らかにした知見を理解しそこなっているのです。活性化は避けられない共有される体験です。防ぐことができないものを回避することをやめ，代わりに活用することを学ぶ時が，私たちに訪れているのです。

第7章キーポイント

- 子どもたちはプレイルームに入り，彼らの言葉，活動，プレイを通じて，彼らがどのように感じているかを感じさせるために，セラピ

ストやおもちゃをセットアップします。

- "片足を内に置いて，片足を外に置く" という概念は，セラピスト
がそれをプレイであることを知りながらも，同時にプレイのリアル
さを感じられるということを意味しています。これは，プレイの中
で生じる調整不全の最中で安全感というニューロセプションを維持
するために重要なことです。

- あなたが積極的な参加者であろうと観察者であろうと，セットアッ
プされたことはリアルなものとして感じます。

- すべての体験は共有された体験です。私たちの脳は，他の人が体験
していることを感じようとします。そして，その体験を自分のもの
であるかのように扱います。

- プレイルームでは転移と逆転移を避けることはできません。

第8章
オーセンティックな表現

「後ろに幽霊がいる！」ジャックは叫びました。

「怖いわ！　怖いわ！」。私は右手を心臓の部分において，もう一方の手をお腹において，言いました。それから，自分をしっかりさせようとして大きく息を吐きました。

「ひとつはあそこに，もうひとつはあそこにいる」彼は部屋の隅を指し，そして叫びました。彼はまだ叫びます。「あいつらは，あなたを傷つけるつもりだよ！」。

私は呼吸を続けながら，自分の身体を抱えて彼に言います。「とても怖いわ。安全だと感じないし，何も守ってくれる物がない」。

ところがジャックは，青い目をギョロギョロさせて，こう言ったのです。「ま，どうでもいいけど。ただ遊んでいるだけだからさ」。

ジャックが私のセラピーに来たのは，彼があまりに「ありえない恐怖」に怯えていること，そして頻繁に攻撃的になることを，両親が心配したためでした。母親はインテークの間，ジャックへの苛立ちを隠さず，自分自身の感情から切り離されていることも明らかでした。彼が怒ったり恐がったりすることをどう感じているか尋ねると，私を見据えてぶっきらぼうに「私は怒ったりすることはありませんから」と言いました。それからは，ジャックが幽霊に執着するのにうんざりしていると話し続けるばかりです。

　最初のセッションでジャックは，その幽霊たちの存在を教えてくれると，廊下にもまだ，今にも部屋に入ろうとしている「悪い奴ら」がいると私に伝えました。そこで私が，彼が私に言葉にさせようとした恐怖の存在を認めたので，彼は私を黙らせようとしたのです。つまりジャックは，「**自分の感情を表現することは OK ではない**」というはっきりとしたメッセージを伴う，圧倒的な恐怖感を，プレイによるセットアップで私に理解させようとしたのです。ジャックは5歳のときに，周りの大人が彼の怒りと恐怖について話したメッセージを内在化してしまっていて，感情的にシャットダウンする方法も既に身につけていました。

　彼がプレイする間，もし本当に部屋に幽霊がいたり，廊下に「悪い奴ら」がいたりしたら，私はどのように感じるのか，自分の中を探りそれをオーセンティックに表現しようとしました。また，彼の過覚醒があまりにも激しかったので，自分の調整もしなければなりません。ふと気がつくと，恐怖を表現するたびに，片方の手を心臓の部分に，もう片方の手をお腹に置いていました。そういう風にするつもりはなかったのですが，私の身体の自然な反応でした。プレイの中でジャックの示した恐怖を言葉にすると，彼は私を怖がらせながら，からかいました。「全然怖くない。何も怖くないよ」と強がるのですが，それでも「悪い奴ら」が入ってきた場合に備えて，すべてのおもちゃの銃，剣，盾，手榴弾，手錠さえもドアの前に置いていました。

　2セッション後，ジャックと私は砂のトレイで遊びました。私は彼が少年の人形の背後にプラスチックの蛇を埋めて隠すのを見つけました。それは，少年を怖がらせるためです。砂の中を蛇が移動し始めた時，私は自分の中に恐怖が高まるのを感じました。ここで再び，オーセンティックな反応をするがままにしました。

　「またあのときみたいな感じがする」と，ためらいがちにささやいてみます。「怖いんだけれど，怖がったらダメと言われるかもしれないから，怖いって言えないわ。」

　するとジャックは私を見てまっすぐに立ち上がりました。そして，「僕も怖い」と知らせてくれたのです。彼が自分の恐怖を認めた最初の瞬間でした。その時彼は，私をからかいませんでした。

　私の身体はリラックスして，その瞬間の意味を味わえました。ここで彼のためのスペースを確保しようと，深呼吸しました。「あなたもどう？」

　「うん。怖くなったらどうしたら良いかも知ってるよ」

　「やってみてくれる？」。私は，この感動的な瞬間を保つために，深く呼吸をしながら尋ねました。

　「見てて」。そう言うと彼は，片方の手を心臓の部分に，もう片方の手はお腹において，長い息を吐きました。私はこれまで，ジャックが怖がった時に，ちょっと間を取って深呼吸するように教えたことは一度もありません。彼は私がそうするのを見ていて学習したのです。つまり，**私自らが進んでオーセンティックな反応をして，不快な感情に対して向き合うことにより，彼も自分の神経系を調整するためのコーピング戦略を身につけたということです。**そして，彼は私がありのままでいて彼と同調しようとしていることを理解できたので，内側でシャットダウンしかけていた自分の感情に，あらためて向き合えるようになりました。こうしたワークは，彼のミラーニューロンシステムに関与し，シナプス接続を変えるための援助の手段になりました。彼は激しい感情のさなかで自己調整のモデルを提示している私の様子を観察するうちに，自分の感情や感覚を否定する必要はなく，むしろ受け入れて，それらを介して調整する方法を学び取ったのです。怖がっていても OK だということだけでなく，それを十分に味わうのもまた OK なのだということも学んだのです。

本当の私になれるか？

　私たちが**オーセンティシティ**について話し合うと，「でも，そんなこと言わなくても当然そうじゃない，子どもといるときはオーセンティックでいるもの」と思いがちです。しかし，すでに明らかなとおり，私たちセラピストには子どものクライエントとの関係の中で，自分自身でいるということに抵抗があるとわかりました。実際，プレイセラピストが「そんなこと，子どもには言えません」とか「そんなことはできない！」と言うのを，どれだけたくさん聞いたことでしょう。例を挙げて話すにはちょっと多すぎるくらいです。私たちは，自分が子どもたちを感情的に傷つけたり，私たちを助けなければと考えさせるような状況に置くことを懸念するあまり，私たちのオーセンティックな体験を抑制し，かえって子どもたちに「見てもらえていない」，「（自分自身やセラピストと）つながっていない」と感じさせてしまっていることを見逃しているのです。

　セラピストが恐怖や不安，悲しみ，怒りなどの感情を感じているのにもかかわらず，その体験を隠そうとしたとしても，子どもたちは言語的，非言語的な手掛かりから気づくことができます。これらの手掛かりは，セラピストがオーセンティックな状態でないことを子どもたちに知らせるものです。覚えているでしょうか，子どもたちはもちろん，私たちの脳には環境における不一致を探索するという役割がありました。さらに付け加えれば，セラピストのそのような振る舞いは，同じような感情が自分に沸き上がった時にどう対処すればいいのか，そのまま子どもたちのモデルになっているということです。たとえば，セラピストが怖れを感じるたびに笑顔になり，状況を変えようとしたり，身体と切り離されていたり，元気なふりをしていたら，子どもたちもそうすることを学習するでしょう。

　しかし，ここで私は，プレイルームの中でもあなた自身でいても大丈夫だということを約束します。実際に，もしあなたが激しいプレイを通して

子どもの調整を助けようとするのなら，積極的にオーセンティックでいることがどうしても必要です。なぜなら，そうでない場合，子どもは大抵，オーセンティックな反応を得ようとして，プレイを激しくするからです。そして私は，セラピストが"本物"だったために子どもが傷ついたのを，見たことなど一度もありません。反対に，彼らとのプレイ体験により生じたオーセンティックな反応を表現したり，共有したりすることをセラピストが怖がるあまり，セラピストと深く結びつくことなく，またセッションもあまり深まらなかった子どもたちは，いくらでも目にしてきました。さらに，セラピストが攻撃的プレイの中でどのように活性化を統合すればよいかをサポートせず，プレイを停止させてしまったため，神経系が調整不全の状態を統合できないままの子どもたちにも，多く出会ってきました。

"べき思考"は妨げになります

　この後の章では，攻撃的プレイや「死」のプレイといった，神経系が過覚醒や低覚醒の方向に強まってしまった場合にどう対処するか，実践的な方法を共有したいと思いますが，その前に考えてほしいことがあります。それは，プレイルームにおいて正真正銘オーセンティックであることを妨げる，「こうあるべき」とか「こうあるべきではない」といった思い込みについてです。もちろん，セラピストが完璧にオーセンティックでいるというのは現実離れした考えであることは承知していますが，私の経験上，何がその妨げになるのかを考えるのは，非常に効果的で欠かせないものだと断言できます。

考えてみましょう

子どもと一緒にいるときにオーセンティックであるということを考えると頭に思い浮かぶ，「こうあるべき」「こうあるべきではない」を書き出しましょう。よく耳にする一般的な例は，「私は『怒っていますよ』と，子どもに言うべきではない」，あるいは「子どもたちが私のケアをしたいと思うかもしれないので，私が感じていることを子どもに言うべきではない」などです。それから，「子どもたちにとっては重すぎる（too much）かもしれないので，完全にオーセンティックになるべきではない」というのもあります。書き出し終えたら，それらのメッセージをあなたはどこで学んだのか，好奇心をもって眺めてみましょう。

私たちのオーセンティックな反応を共有すること

Synergetic Play Therapy の文脈では，オーセンティシティとは，子どもの展開するプレイに応じて，**オーセンティックな反応**ができるよう，子どもと自分自身に対して同調することを指します。ただしそれは，私たちのプライベートな出来事を話すこと——たとえば，子どもがプレイであなたに手錠をかけ刑務所に入れた時，「あなたの年齢の時に，タイムアウトの罰を受けたことを思い出した」などと話すという意味ではありません。プレイルームにおけるオーセンティシティとは，子どもたちが展開する遊びや打ち明けるストーリーに関連した，**私たちの内的な状態に誠実であり，それに一致した態度でいる**ということを意味します。

　子どもたちは激しいプレイで，主に2つのことを探索しています。

　　• セラピストは激しさを抱えながら，それを通して自分の調整をサポ

　ートできるのか？
- セラピストは演技をしているのか，それとも本当なのか？

　もし私が子どもと荒っぽいソードファイトをしているとき，楽しく笑っていたり満面の笑みを浮かべていたりしたら，オーセンティックであるとは言えないでしょう。あるいは，攻撃的なプレイに立ち会い怖がっているように見えたとしても，言葉にしようとせず，元気なふりをするのであれば，これもオーセンティックであるとは言えません。不安やシャットダウンなどの調整不全の兆候を見せているにもかかわらず，その様子と言葉に齟齬があると，子どもは私が不一致であることを察知します。このような場合，私自身がそのお手本として，困難な状況にある中で神経系を調整する方法を示すという，絶好の機会を逃してしまっています。さらに，子どもには，オーセンティックな反応を引き出すためにという，よりプレイを激しくする理由を与えてしまいます。なぜなら，**オーセンティシティの欠如は子どもの目には脅威と映る**からです。

　この点は何度繰り返してもいいでしょう。あなたの身体は嘘をつきません。そして，あなたは子どもから何も隠すことはできないのです。私たちは，「私に今起こっていることは子どもには感じられていない」と，自分を偽るのをやめる必要があります。それから，私たちが自分の体験について誠実であろうとしなければ，それこそ子どもを傷つける危険性があるということを強調したいと思います。本当の反応をすることが，トラウマ的体験を処理するチャンスを生みます。ですから，プレイ中の体験を否定したり偽ったりしてはいけないのです。

　私たちのコミュニケーションの大部分が非言語的であることは良く知られています（Mehrabian, 1972）。すなわち，セラピストである私たちは，少なくとも言語的な表現と同じくらい，自分の行動にマインドフルでないといけない，ということを意味しています。これは，子どもたちにとってはさらに重要なことです。なぜなら，彼らは私たちが言葉で発することよ

りも，行動のほうにずっと注意を払っているからです。表情やボディーラ
ンゲージをよく見て，私たちのことを感じたり読み取ったりしていますが，
聴き取った言葉にはそれほど重きを置いてはいません。そのように彼らは
アセスメントし，データを取り込み，私たちが安全な存在なのか脅威なの
かを判断しています。もし何か不確かなものがあれば，彼らの脳は私たち
を潜在的な脅威とみなします。控えめに言っても，プレイに没頭しようと
するよりは，私たちを理解しようとすることに時間を費やすことになるで
しょう。

それは子どもにとって本物なので，あなたも本物だと感じる必要があります

とはいえ，私たちを攻撃してくるのは本物の剣や文字通り危険なもので
はなく，プールヌードルや人形ですので，自分の感情や感覚の深いところ
にアクセスするのはなかなか困難なことです。脳は，実際に起こっている
ことと想像していることの違いを区別できないのをご存じでしょうか？
これを踏まえて，心に留めておいてほしいのは，**子どもたちの振る舞いは
自分たちの見ている世界と知覚を感じるように，あなたをセットアップす
るためのもの**だということです。つまり，プレイであっても，彼らには現
実と感じられていることです。したがって，彼らが求めているオーセン
ティックな反応にアクセスするためには，あなた自身も本当の体験であると
感じることが必要なのです。

これは理解しなければならない非常に重要なポイントです。私は生徒た
ちに，少しだけでもいいので，彼らに起こっていることや目の当たりにし
ている，あらゆることを本物だと想像し，現実に起こっているかのように
反応してほしいと教えています。セラピストがそうなった瞬間，プレイル
ームのエネルギーと一致したオーセンティックな反応が生じます。そうな
れない場合には別のリスクがあります。つまり，あなたがどうにか彼らの

内的感情を映したオーセンティックな反応をするまでプレイを増幅し続けるか，さもなければ諦めてしまうのです。

　もう少し深く探っていきましょう。あなたはこんなことを思ったことはありませんか。「でも，実際にはプールヌードルや人形を怖がっていないとしたら，オーセンティックとは言えないんじゃないのか？」「それがただの人形で，実際に自分を傷つけないとわかっているのに，恐怖を表現するなんて，それこそ非オーセンティックでは？」。この答えは Yes でもあり No でもあります。このような考えから想像できることは，セラピストが子どものおもちゃの使い方から生じるエネルギーを感じようとせず，何の脅威もないおもちゃ自体に注目しているか，さもなければ頭の中に留まり自分自身を感じないようにしているかのどちらかだということです。感情の洪水を起こしたり，体験に夢中になったりすることなく，その激しさの中に居続けるためには，両方の経験を積むことが秘訣なのです。覚えておいてください。自分に生じてくる感覚や感情，つまり調整不全を感じながら，本当に危険にさらされてはいないという意識を持つ，つまり**腹側迷走神経の活性化**という体験を，同時にしなければなりません。その助けになるのが，**マインドフルネスや調整**です。もし，本当に危険にさらされているとか耐性の窓から出てしまいそうだと強く感じるのであれば，それは**バウンダリーを設定**する時です。

　これと同じ考え方はロールプレイにも当てはまります。ロールプレイは演技の一種にすぎません。もし私たちが「叱られる」という役割を子どもから与えられて，ロールプレイの迷宮に誘われそうになったら，「このプレイは本物だ」と想像し，そこに合わせようとしない限り，見せかけだけの反応になってしまいます。子どもたちは私たちがオーセンティックになっていないことがわかるはずです。それが本当の出来事だと私たちに感じさせるようにセットアップされたことを，心に受け入れるほどに，よりオーセンティックな反応になります。そして私たちと遊んでいる子どもたちの目にも，より一致しているように映るのです。

神経回路を変化させる

Synergetic Play Therapy において，セラピストはプレイセッション中に，可能な限りオーセンティックであり，一致しているように努めることが求められます。これによりトラウマ的体験から生じた活性化の癒しを必要とするクライエントに，信頼と安全を届けることができるのです。また，セラピストがオーセンティックであることは，クライエントとの同調を最大化するのに役立ち，調整不全状態に対する外部調整器の役割を果たすことを可能にします（Schore, 1994）。言い換えると，私たちがオーセンティックでいることは，子どもたちに自分の神経系の調整と，脳の活動を変える方法を教える上で，欠かせない任務であるということです（Dion & Gray, 2014）。Badenoch（2008）と Siegel（1999）が説明したように，子どものミラーニューロンシステムの働きが活発になったとき，セラピストがマインドフルでオーセンティックに表現すると，子どもの脳の新しい働きのきっかけとなります。これが記憶を形成する神経ネットワークの中にある感情へと結びついていくのです。

　神経系の調整不全状態で活性化する最中，**セラピストがオーセンティックに存在し続ける様子を子どもたちが繰り返し目にすることで，彼らの脳内では古いプログラムとの接続が切断され，新しい体験のための入口が形成されます。**私たちの状態を通じて，彼らは目の前の私たちと同じやり方で，困難な内的状態へと向き合えるようになります。そうなるにつれて，次々と新しい神経接続が形成されていき，やがて神経組織が生まれ変わっていくのです（Edelman, 1987; Tyson, 2002; Dion & Gray, 2014）。私たちは今，このような熱心な繰り返しが，神経系を変化させうることを理解しています。しかしながら，ほとんどの治療的介入でその目標を達成できていないということもまた明らかなのです（Perry, 2006）。

　ジャックが不安と恐怖の感情をプレイルームで再現させたとき，彼は私

がセルフケアのために深呼吸をしながら，同時に繰り返し胸とお腹に手を置いているのを目のあたりにしていました。これにより，彼はほんの数回のセッションのうちに，神経系の活性化に向き合うことができ，最終的には「お手本」にならって自己調整を試みるような行動まで見せてくれました。ここまでに至るには，私がオーセンティックでいることが絶対に欠かせない条件だったのです。彼が私をからかい，シャットダウンさせようとし，そしてあらゆる方法で怖がらせようとしましたが，オーセンティックであり続けようと心がけました。そのうちに，一連の出来事すべては彼がセットアップしたことの一部であると理解したのです。それならば私の仕事は，彼が"感じたまま"を扱えるようにすること，そしてモデリングにより自分の神経系を調整するいくつかの方法を見せながら，活性化の統合をサポートすることです。ジャックが私に示した行動は，彼の脳内で新しい神経接続が形成され，それに伴い新しい神経組織に生まれ変わった結果ではないでしょうか。とてもわくわくしませんか？　私たちセラピストがこのように働きかけると，すべてのセッションは，**子どもたちが脳に取り込んだ新しい情報を統合し，過去に脳に刻み込まれた体験を書き換えるのに役立つ可能性があるのです！**（Schore, 1994; Siegel, 1999; Badenoch, 2008）

第8章キーポイント

- 子どもたちはセラピストが自分に一致していないと知覚すると，オーセンティックで一致した反応をするまで，しばしばプレイの強さを増幅させます。したがって，オーセンティシティは安全の確保にも役立ちます。

- ロールプレイでの演技は，子どもが展開するプレイやそのストーリーに対する誠実でオーセンティックな反応にはなりません。

- セラピストがプレイルームのなかでオーセンティックな自分であろうとしないとき，その不一致のために，子どもたちの脳内では私たちが潜在的な脅威として認識されます。

- プレイであっても，子どもたちにとっては本物と感じられているので，彼らが探索しているオーセンティックで一致した反応を保つには，あなたも本物であるように感じる必要があります。

- 子どもたちは，セラピストのオーセンティックな調整モデルを目にすると，不快な思考や感情，内側の感覚に向き合っても安全であると学びます。これにより，彼らは脳内の神経経路をより高い調整能力の獲得に向けて変化させはじめ，神経系の統合が可能になるのです。

第9章
バウンダリー（境界線）を設けること

　6歳のセーラはおもちゃの棚に近寄り，すぐに手錠を見つけました。彼女は手錠を取り上げ，ちゃんと使えるかどうか調べるかのように，注意深く観察しています。ふりかえったセーラに凝視されると，セラピストは大きく目を見開き，息遣いも変わりました。明らかに不安な様子です。セーラはセラピストに駆け寄っていき，その腕をつかんで，背中側で無理やり手錠をかけようとしました。ところが，セラピストは，つかまれた腕をふり解きました。

　「それはここではできないよ」と，彼は言うのです。「僕に手錠をかけたらだめだよ」。

　セーラはとても驚きました。ボディランゲージや表情から，彼女は自分がひどく悪いことをしたのだと思っていることがわかりました。

　これは，プレイセラピーのセッションで観察されたやりとりですが，皆さんに紹介するのは，この話がバウンダリーについての真実を伝えているからです。誰もが，恐れや苛立ちからバウンダリーを設けてしまったあとで，そのバウンダリーは本当に必要だったのだろうかと悩んだり，バウンダリーの設け方が適切だったのだろうかと後悔したりしてきました。プレイセラピーにおいて，バウンダリーの設定は非常に重要なトピックです。いつ，どのようにバウンダリーを設けるか，さらには，なぜバウンダリー

を設ける必要があるのかについては，様々な信念や考え方があります。そのため，本質を明らかにするには，立ち止まって自分自身に次の問いかけをしてみることが重要なのです。

「バウンダリーを設ける意味はどこにあるのでしょうか？」

私は，自分の教え子たちに何百回もこの質問をしてきました。彼らの答えは必ず，「分かりません。そうしなくてはいけないのではないですか？」とか，「セッションで子どもたちにそういうことをさせてはいけないからです。ちゃんとした振る舞いを教えるためでしょう」，あるいは「私やプレイセラピーのためのおもちゃがそういう扱いを受けるのは良いことではないから」と，いうものでした。

ではまず，バウンダリーについて理解し，うまく活用するために，次の質問に答えてみてください。

 考えてみましょう

少し時間を取って，プレイルームでなぜバウンダリーを設けるのか考えてみましょう。あなたがバウンダリーを設けたことがある子どもを思い浮かべながら，質問に答えてみるとよいかもしれません。いくつか答えを思いついたら，書き出してみましょう。

_____

_____

_____

_____

この質問に正解はありません。あなたが書いたことは，あなたの思い込みと，あなたの耐性の窓について教えてくれる情報です。この章を読みな

がら，ぜひ，自分が書き出した答えについてよく考えてみてください。そして読み終わった後で，もう一度あなたの書き出した答えを見てみましょう。どこか変えたり書き加えたりしたいところはないか，チェックしてみてください。

バウンダリーは人それぞれ！

これからご紹介することは，これまであなたが耳にしたバウンダリーの設定についての考え方とは，相容れないものかもしれません。今あなたが，首を横に振ったり，眉をしかめたり，口をへの字に曲げていたら，それは素晴らしいサインです！　自分の考え方に疑問を抱き，プレイセラピーのセッションで生じている「こうあるべき」「こうあるべきでない」に目を向けるために心を開くのは，プレイセラピストとして大事なことなのです。

 考えてみましょう

では，あなたが書き出したバウンダリーの意味についての答えを，もう一度見てみましょう。そのうち，どれぐらいが「こうあるべき」や，きちんとした振る舞いについての思い込みに基づくものだったでしょうか。

バウンダリーを設けることが必要かもしれないと思った瞬間に，内心の葛藤と闘うことになるセラピストもいるでしょう。もし，バウンダリーを「設けることになっているから」，「設けるべきだから」という理由で設定すると，決断に確信が持てず，後で自問自答することになるかもしれません。覚えていますか？　「べき」は自己に対する脅威と捉えられます。つ

まり，オーセンティックになることを邪魔するものなのです！

　セラピストの中には，バウンダリーの設定はちゃんとした振る舞いを教えるために必要なものだと，本当に信じている人もいます。けれども，そういったセラピストたちは，子どもとの意思疎通が図れていないと感じたり，この章の初めでお話したケースのように，なぜ子どもが委縮したりエスカレートしたりしたのだろうかと悩んでいるのです。

　こうした例を挙げるのは，何が良くて何が悪かったのかを評価するためではありません。そこに，役に立つ情報があるからです。なぜバウンダリーを設けるのかをはっきりと分かっていれば，子どもや自分たちに恥を感じさせないで済むやり方で，バウンダリーを設けることができるのです。

バウンダリーは大事！

　バウンダリーを設けても，自分は自分らしく，そして子どももその子らしくあることが大事です。そもそもなぜバウンダリーを設けるのか，ということについて，自分の理由付けを変えることができれば，それが実現できます。

　さあ，新しいパラダイムを受け入れる用意はできていますか？　深呼吸をして，体を動かして，新しいパラダイムを受け入れられるよう調整しながら，次の部分を読んでみてください。

**　プレイルームでは，子どもはバウンダリーを必要としません——バウンダリーを設ける必要があるのは，セラピストなのです！**

　どうでしょうか，ではまず，プレイルームにおける攻撃性の意味を，もう一度考えてみましょう。プレイセラピーのセッションは，子どもたちが自分の神経系をコントロールする方法を学び，攻撃性を含む自分自身や自

分の人生に対する認識を再生し，理解しようとするときに生じる困難な記憶，感情，身体感覚を統合する場所です。

　したがって，たとえどのような表現であれ，子どもたちが表現しようとしていることを封じ込めないことが大事なのです。

　私たちの仕事は，子どもたちがエネルギーを動かし続けられる方法を見つける手助けをすることです。これは，「セラピストはサンドバッグになりなさい」とか，「何でも許しなさい」という意味ではありません。このパラダイムがそれまでの考えと異なるのは，バウンダリーはセラピストのためにあるという点です。すなわち，子どもたちがエネルギーを動かすための行動を続けると，セラピストが自分を保つのが難しくなったり，いっぱいいっぱいになってしまってコントロール不能になると感じたりしたら，それがバウンダリーを設定するときなのです！

　バウンダリーは，自分を耐性の窓の中に留め，そこに居続けて同調した状態を保つために必要なものです。**私たちの耐性の窓は，攻撃的なプレイから放出されるエネルギーを溜める容器です**。ですから，「では，バウンダリーはいつ設定すればよいのでしょうか？」と多くの生徒から質問されても，私の答えはいつも同じです。「それは私には分かりません。特定の状況で，あなたにとって必要なのはいつなのか，あなたの耐性の窓の限界がどのくらいなのか，私には分からないので」。いつバウンダリーを設定すればよいのか，それが分かるのはあなただけなのです。

バウンダリーの設定は自由です

　自分の耐性の窓がとても大きく感じられ，交感神経の活性化を抱える力が大きい日もあれば，逆に体調が悪かったりプライベートな出来事が自分のエネルギーや自分を保つことに影響を及ぼしたりするような日もあるでしょう。自分を保つのがずっと楽な日もあれば，そうでない日もある――

このことに私たちは正直でなければなりません。

　また，いつバウンダリーを設定すればよいのかを決める要因には，私たちの経験も関係してきます。子どもの頃に暴力を受けたり目撃したりしたことがあるセラピストの場合，その体験についての感情がまだ完全に消化しきれていなければ，おもちゃでの暴力的な戦いの観察者になったり，そのプレイに参加することを子どもから求められた場合，自分を保つのが難しくなるかもしれません。セラピストがバウンダリーを設けるのは，そのプレイが，自分の神経系にとって"too much"，つまり負担が大きすぎると感じたときなのです。

　そして，バウンダリー設定のタイミングに影響を及ぼす，身体的な制約もあります。私が妊娠中に少年と行ったプレイセラピーでソードファイトをしたときのことですが，彼は私をドアに手錠でくくりつけたがりました。片手を封じ込め，動き回れないようにするためです。そこでもし彼が私のお腹に切りつけてきたら，赤ちゃんを守れないし，また赤ちゃんが安全でないと認識する状況ではソードファイトに集中できないと思ったので，ここが私にとってバウンダリーを設けるときでした。

　このように，バウンダリーが必要になる理由は色々ありますが，その多くはセラピストが自分を保つのを助けるためなのです。

バウンダリーはどのように設定するのか

「**バウンダリーはセラピストのためにある**」——これからはこの新しいパラダイムに基づき，私たち自身の安全のニューロセプションを創り出すために，バウンダリーを設定することになります。私たちはバウンダリーのおかげで，腹側迷走神経の状態を維持し，自分を保ち，外部調整器として介入することができるのです。**自分の耐性の窓を超えると思ったら，どのような理由かにかかわらず，バウンダリーを設定しましょう。**では，実

際にはどうやって設定すればよいでしょうか。またそれは，どんな感じなのでしょうか。

　まずバウンダリーは，エネルギーの流れを止めるためのものではないということを，改めて確認しておきましょう。私たちは恐怖反応からバウンダリーを設定しがちだからです。目的は，エネルギーの方向を変えて，私たちが自分を保ちつつ，生じている感情や感覚を子どもが探ることができるようにすることです。子どもの脳が私たちを脅威と捉えることのないようにしつつ，子どもがプレイを続けられるようにしたいのです。

　では，いくつかのシナリオに沿って子どもの目線に立って，バウンダリーについて考えていきましょう。

シナリオ1

　この章の初めにお話ししたセーラとセラピストの例では，セラピストがプレイを中断して「手錠はだめだよ」と伝えると，セーラは遊ぶのをやめて，混乱した様子をみせました。それはなぜでしょうか。

　セーラの脳は，おそらく2つのことを体験しました。**環境にある不一致**と，「**こうするべき**」というセラピストの思い込み，つまりこのケースでは「遊びで手錠を使うべきではない」ということです。このとき彼女は脳内で，次のように考えていたかもしれません。「ここに手錠があるのに，どうしてこの人に手錠をはめたらいけないのだろう。手錠ってはめるためにあるのではないかしら。はめちゃいけないなら，どうしてここに置いてあるのだろう」。

シナリオ2

　あなたは4歳のベンと一緒に激しいプレイを行っています。ベンは叫んだり，あなたを突き刺したりしていて，あらゆる方向からあなたに向かっ

てきます。突如として，あなたはもう十分だという感じがしてきました。ここであなたは「ねえ，分かる？　ちょっとやりすぎだよ」と言います。**「ここでそんなふうに遊んではだめよ」**。

　このときベンの脳内では，突然設定されたバウンダリーとそれに対する混乱から，これを脅威と認識する可能性が高いでしょう。さらに表現している最中に止められたことから，自分の表現は良くないものだというメッセージを受けとりました。おそらく彼は，神経系がしたいことと，してはならないと言われたこととの間で，内なる葛藤を体験することでしょう。十中八九，これは彼がプレイルームの外で超興奮状態になり，人を困らせたときに受け取るメッセージと同じなのです。

シナリオ3

　あなたは9歳のサリーと剣で戦っています。彼女はあなたが油断しているところを捕まえ，かなり強くたたきました。スイッチが入ったあなたは，サリーに厳しく言います。「セラピストを痛めつけてはいけないという決まりがあるのよ。だから私を痛めつけたらだめよ」。

　サリーの脳はおそらくこれを脅威と認識します。彼女は「すべきでない」というメッセージを受け取っているからです。また，セラピストがソードファイトをしながら自分を痛めつけてはいけないなどと言う矛盾に，混乱しているかもしれません。剣で戦えば人は怪我するものではないでしょうか。

　このシナリオでもう一つ考えなくてはならないのは，トラウマの処理という文脈でセラピストが「あなたは私を痛めつけてはいけない」というルールを設けてしまうと，子どもに対して知らないうちに**「あなたは加害者です」**というメッセージを送ることになるということです。これでは，子どもをプレイルームの中での「悪者」にし，表現された攻撃性を私的な体験に戻してしまうだけです。ですから，すべては自分へセットアップされ

たことなのだと思い出し，別の方法でバウンダリーを設定したほうがよい
でしょう。

　このように，セラピストが「すべき」や「すべきでない」という思い込
みに基づいて，あるいは恐れによりバウンダリーを設けてしまった場合，
考えてみてほしいのは，もしかするとこれと同じようなことが，別のバー
ジョンでその子の人生で体験されたか，今もなお体験しているかもしれな
いということです。子どもたちが日常生活で耐え難い感情の昂ぶりを表現
しようとすると，ほとんどの場合「やめなさい」「我慢しなさい」「落ち着
いて」「やり過ぎですよ」などという反応が返ってきます。これはある種
の感情は表現してはならないということをさらに強調し，その基盤となる
脳の配線も強化してしまうメッセージですが，セラピストである私たちが，
急にプレイを止めて「やめなさい」と言うことにも，同様にその可能性が
あることを考えてみてほしいのです。

　子どもたちがプレイの強さを増幅させるのは，恥を感じたり，コントロ
ールされていると感じたとき，そしてバウンダリーによる脅威を感じたり
した場合ですが，これは珍しいことではありません。セラピストがバウン
ダリーを設けた途端，子どもたちが主導権を取り戻そうとあらゆる行動を
とる場面を，私は数え切れないほど見てきました。これはつまり，バウン
ダリーを設定されてどう感じたのかをすぐに知らせようと，子どもたちが
セラピストをセットアップしているのです。

流れを保つ方法：知らせて，それから方向転換する

　バウンダリーを設定するにあたっては，具体的には次のようなことが重
要です。

　　• 深呼吸をして，落ち着く

- 子どもがあなたのエネルギーを感じていられるよう，自分を保つ
- 伝えるときは，威嚇的ではないが真剣な口調で話す
- 可能な限りアイコンタクトを取る。ただし無理強いはしない
- プレイの方向転換をする前に知らせる
- あなたの感情は横に置いておきましょう！

では，「それはダメ」と言ったりプレイをやめさせたりせずに，エネルギーの流れを保ち子どもと心を通わせたままでいるには，どのようにバウンダリーを設定すればよいか，いくつか例を見てみましょう。

動作による方向転換

あなたの耐性の窓の範囲内でエネルギーを向けてよい場所を，子どもたちに分かるように伝えましょう。これは，ある意味，子どもたちがしてはいけないことではなく，してよいことを教えることにもなります。

例1　エネルギーを向けてほしい方向をジェスチャーで示す

あなたは6歳のショーンと，ハイスピードなソードファイトをしています。彼があなたの頭に剣を打ち込んできて，かなり圧倒され始めています。さすがにこれは"too much"で，これ以上頭に攻撃を食らうと，もう自分を保つことができないだろうとあなたは感じます。そこで戦いながらも，ショーンの目を見て，声のトーンを変え，首から下を指しながらこう言いました。

「ショーン，叩くならここから下にして」。

例2　エネルギーを動かし続けるための「囲い」を使う

8歳のジャネットはかれこれ20分ほど，箱庭の上で色々な場面を作っていますが，どれもがとても暴力的なものです。あなたは子どもの頃，暴力

を目撃したことがあったので，このとき内心，かなり不安を感じていることに気づき始めます。耐性の窓も限界に近づいています。ここでジャネットは，箱庭の砂を全部床に投げ捨てようとしています。あなたはもう限界に近いので，彼女をコントロールしてどうにか興奮を止めさせなくては，そろそろバウンダリーを設ける時だと強く感じます。あなたはジャネットと目を合わせ，それまでとは違う声色を使って伝えました。

「ジャネット，これはあなたがしないといけない大事なことなのね。砂を出さないとだめなのね」。

そして，あなたはシャワーカーテンをつかんで，急いで床に広げて，その上に砂を投げ捨てるように言いました。これであなたは，再び自分を保つことができ，彼女の作業を助けてあげることができました。

もし，彼女がどうしても砂を暴力的に扱うことを止められない場合，セラピストは次に説明するように「別のやり方を教えて」と指示することもできます。

言葉による方向転換

言葉をたくさん発するよりも，少ないほうがよい場合もあります。次の2つのフレーズは，プレイルームで使えるとてもパワフルで使い勝手の良いものです。私はこれらを，バウンダリーの設定における「黄金のフレーズ」と呼んでいます。いずれのフレーズも，質問ではなくナチュラルに言うことが大事です。

例1　「別のやり方を教えて」

3歳のタイラーは砂を一摑みつかんで，あなたに向かって突進してきました。今にもあなたの口や目に砂を入れようとしています。

そこであなたはタイラーの目を見て，声色を変え，「別のやり方を教えて」と言います。

ところがタイラーは,「いやだ。口に入れる」と言いました。

あなたは再びタイラーの目を見て,自分を保ちつつ,こう言います。

「タイラー,これは君にとって大事なことなんだね。砂を顔につけたり口に入れたりしたいんだね。じゃあ他の顔と口で,やってみせてくれないかな」

※実際のセラピーでは,もっと具体的に言う必要があるでしょう。タイラーは3歳児であり,トラウマの記憶を再演している最中だからです。

すると彼は棚に歩いていって,赤ちゃんの人形をつかむと,床に置いて赤ちゃんの顔や口に砂を注ぎ込みました。

例2 「痛い思いをしなくても私は分かるよ」

6歳のジュリーがあなたに向かって突然マーカーペンを投げました。あなたは二度ほどプレイの方向転換を知らせようとしたのですが,二度ともマーカーが投げつけられました。ここであなたは深呼吸し,彼女を見て,こう言います。

「ジュリー,痛い思いをしなくても私は分かるよ」

それに続けてこう言います。「別のやり方を教えて」。

しかし,彼女はあなたを見ながら,またマーカーに手を伸ばしました。

あなたは彼女と目を合わせ,気持ちを落ち着け,脅しではなく真剣な口調で,もう一度言います。

「痛い思いをしなくても私は分かるよ」。

そしてあなたがもう一度深呼吸すると,ジュリーはマーカーを置きました。

子どもたちにしっかりと伝えてほしいのは,あなたがちゃんと理解していること,プレイをコントロールしたり,止めさせたりしようとしているわけではないということです。そして**一番大事なことは,子どもがあなたの存在を感じられること,さらにあなたからの尊重を感じられることです。**

これを踏まえてバウンダリーを設けることは，子どもたちが他者と関わる上で必要な人の話を聞くこと，共感すること，敬意を払うことなどを，プレイの中で教えることにもなります。ですから，セラピストから伝えるメッセージは，「私が不快に感じるから，君はやめないといけない」ではなく，「ちょっと話し合いましょう（折り合いをつけましょう），私も自分のケアをしないといけないから」という言い方になるのです。子どもに人との関わり合い方を教えるのに，こんなにも美しいレッスンがあるでしょうか！

　ここに挙げたすべてのケースで，子どもたちは，自分のことを理解してもらえて，尊重されていると感じることができました。これがとても重要なのです。こうやってバウンダリーを設ければ，大半の子どもたちはやり方を改めて，別の遊び方を見つけます。なぜなら，実は彼らはあなたと遊びたがっていて，あなたに理解してほしいと思っているからなのです。バウンダリーを設けつつも，あなたが自分をコントロールできていて子どもとつながっていれば，子どもの神経系が求めるままにプレイを続けてもらうことができます。ときどきすぐにプレイの方向転換をしたがらない子どももいるので，繰り返し伝えなくてはいけないこともありますが，それでも大丈夫です。上に述べた助言を踏まえているか確かめて，子どもがやりたいことを認めつつ，もう一度方向転換してみるとよいでしょう。

攻撃性を助長することにはならない……？

　この新しい考え方を教えるときに最もよく聞かれるのは，これは攻撃性を助長することにならないのかという不安です。セラピストたちは「今そうすべきだ」と思ったときにバウンダリーを設定しなかったら，子どもが家や学校でもっと攻撃的になってしまうのではないかと心配します。自分たちのなんらかの行動が，攻撃的な行動を助長させてしまわないかと恐れ

ているのです。けれども，私たちはもう知っています。セラピストが子どものプレイについて観察的なコメントをするだけでなく，オーセンティックでいながら，プレイルームで活性化した神経系を調整するためにマインドフルネスや，動作，呼吸法を活用する，体験していることを口に出す——このように行動していれば，子どもたちは自分で高覚醒の調整不全状態を探索できるようになり，衝動，感覚，活性化した神経系，感情についての自覚を育むのです。これにより，子どもたちはよりマインドフルに攻撃性に向き合うようになり，自分をしっかりと保ち，自分とのつながりも強くなるので，かえって攻撃性は消失していきます。したがって，**セラピストの安全を基準にバウンダリーを設けるということが，家庭や学校での子どもの攻撃性を助長するようなことは滅多にありません**。もしセラピー外でエスカレートが生じた場合は，子どもをとりまく環境に，まだ大きな脅威や困難と認識される他の何かがあることがほとんどです。

　一方で，セラピストが「お芝居」をしていたりロールプレイに入り込んでしまい，神経系の調整と同時に体験していることをオーセンティックに表現せず，ただ観察的にコメントするだけだと，子どもはオーセンティックな反応が得られるまで，プレイの過激さを増幅させるということがよくあります。これは，子どもがエネルギーを統合し，自分の感覚や感情に対するしっかりとした気づきを育む上では何ら意味のないことで，単なるカタルシスにしかなりません。むしろこれこそが，セラピー外でのさらなる行動化の潜在的な要因となります。あなたのオーセンティックな存在感，そして子どもの外部調整器としての役割の力を，決して見くびってはなりません。

安全に対する懸念

　さて，もう一つ本当のことを言いましょう。準備はできているでしょうか？　実は，私がお勧めする方法でバウンダリーを設けたり，子どもたちの行動を禁止しない別の伝え方で対応したとしても，攻撃性が「引き返せないところ」，あなたや子どもたちを傷つけるおそれのあるレベルにまで達してしまうことがあります。もし安全に対する懸念が生じる状況になった場合は，強いバウンダリーを設定し，「ダメ」という言葉を使わなければならないのは，やむを得ないことです。私の経験上，そうなることは稀ですが，それでも生じることがあります。

　たとえばあなたは，てんかん発作を起こしている人のそばにいたことはあるでしょうか。そのとき，その人には触れてはならず，頭の下に物を置くか，頭が安全であるように支えるぐらいしかしてはいけないということは，知っていると思います。ただ邪魔にならないようによけて，安全を確保することしかできません。子どもの攻撃性が危険なレベルに達した場合も，同じプロセスを踏むことになります。あなたがしなければならないのは，**ただ，自分と子どもの安全を確保すること**だけです。この状況について書かれたガイドブックは存在しないので，創造性を発揮し，直感を信じて進んでいくしかありません。けれども，一つ確かなことは，こうなるともはや，子どもを理屈で諭す状況にはないということです。こういう場合，ベストな選択は，話すのを止めて，深呼吸することです。まずは落ち着いて，自分を保ちましょう。そうすれば，子どもはあなたの存在を感じることができるはずです。もっと身も蓋もなく正直なことを言えば，こうなってしまったら，感情的にはめちゃくちゃな状態になるので，後で修復が必要になると思いながらも，ベストを尽くすしかありません。

修　復

　プレイ中に活性化した神経系を調整する方法が，うまくいかないことも
あります。これも避けられないことですが，本書で学んだことを実践した
後でも，神経系が活性化しすぎて，圧倒されているために，バウンダリー
の設定を忘れてしまうセッションは必ずあります。自分自身の耐性の窓を
超えて，重度の調整不全に陥ることもあるはずです。でも思い出してほし
いのは，あなたも人間であるということです。つまり，感情の洪水を起こ
すものなのです。このとき，恐れからバウンダリーを設定する可能性が高
くなります。それは子どもの心の中では，突然で，支配的なものと認識さ
れ，場合によっては恥をかかされたと受け止められるでしょう。しかし，
こういうことが起こっても，それは自分だけのことではないと思ってくだ
さい。この状況に陥ったことのないセラピストに，私は出会ったことがあ
りません。実は，この体験には素晴らしい美点があります。それは，私た
ちが人間らしさを味わえる瞬間，すなわち**修復という経験ができる**とい
うことです。私は修復することが大好きです。なぜなら，セラピストが修復
を経験すると，子どもに示すモデルに深みが出て，大変価値あるものにな
るからです。

考えてみましょう

　少し時間をとって，想像してみましょう。実際に経験したことがあれば，
思い出してみてください。恐れからバウンダリーを設定してしまい，子
どもに腹を立てたり厳しくしてしまったとき，どのようなことが起きて
いたのでしょうか。同じ状況がまた起きたとしたら，次はどう対処しま
すか。

　恐れからバウンダリーを設定して，自分が行いたいと思っていたのとは違う対処をしてしまったことに気づいたら，そのセッション，または次のセッションで，すぐにでも修復作業を行うチャンスがあります。たとえば，次のセッションの初めに，こんなふうに伝えると想像してみてください。

　「ジョーイ，この前一緒に遊んだときのことだけど，私が急に怒ってしまって，君に遊びをやめるように言ったよね。『そうやって遊ぶのはだめだよ』って言ったのを覚えているかな？　実はね，私の脳がすごく怖がってしまって，気づいたらあんなことを言ってたんだ。それから，深呼吸するとか，動くとか，自分が感じていることを君に伝えるとか，そういう自分を守るためのことをちゃんとしていなかったことにも気がついたよ。そのせいで，あっという間に怖くなっちゃったんだ。**あのとき本当に言いたかったのは，『別のやり方をしてほしい』ってことだったんだ。**でも，言い方が分からなくて言えなくて。だから，もし君が今日もああいう風に遊んでいて，私が自分を守らないといけなくなったら，今度は，『別のやり方をしてほしい』って頼むことにするね。そうすれば，遊びを続けられるから。君と一緒に遊ぶのは，私にとっても大事なことなんだよ。」

　では，このように伝えることは，子どもにとってどのようなメッセージになるのでしょうか。

- 私たちは人間なので，うまくいくこともあるし，失敗することもあるけれど，それで大丈夫
- 他の人に影響を与えると分かっていることをするときは，責任を取らなければならない
- もう一度挑戦してみることが大事

あなたの耐性の窓が大きくなっていけば，設定するバウンダリーを少な

くしても大丈夫ですし，必要なバウンダリーの種類も変わってくるはずです。そうすると，攻撃的になった場合にも，子どもたちは「ダメ」と言われたり，そうしてはいけないと制止されたり，プレイを中止されたりしなくても，方向転換できるはずです。大切なことは，子どもに恥をかかせず，そのプロセスを動かし続けられる方法で，バウンダリーを設定するように努力することなのです。

第9章キーポイント

- バウンダリーは，セラピストが耐性の窓を保つのに役立つものです。バウンダリーのおかげで，神経系が活性化する状況においても，子どもの統合を図りながら，自分を保ちコントロールすることができます。
- バウンダリーを設けるときは，プレイを中止することなくエネルギーを動かし続けられるようにすることが大事です。可能な限り「ダメ」という言葉を使わず，子どもを認めつつ，方向転換することが重要です。
- バウンダリーを設けるときの黄金のフレーズは，「別のやり方を教えて」と「痛い思いをしなくても私は分かるよ」です。
- 身体の安全が懸念される場合は，バウンダリーを設定しなければなりません。
- バウンダリーの設定がうまくいかなかったときには，子どもと修復の時間を取ると，非常に治療的効果が高くなります。

第10章

激しすぎる神経系の活性化：
感情の洪水に対処する

10歳のマックスはモーリーに「拳銃」を向け，今にも撃とうとしていました。部屋の隅に追いやられたモーリーは，銃を向けることは良くないことだと伝えます。しかし，彼はそれには耳を傾けずに，彼女を撃ち始めました。彼女がもう一度，止めてほしいと伝えると，よりエスカレートして，大きな声で叫び始め，「拳銃」を撃ちつづけます。それに圧倒され，何をしたらよいかわからない感覚に襲われたモーリーは，彼を止めるために「拳銃」を取り上げようとしました。すると彼は，彼女の手に嚙みついたのです。モーリーが嚙むのは良くないことだと伝えると，マックスはもう一度嚙みついて，今度は彼女を蹴ろうとしました。セラピーの間，彼はずっとモーリーを撃とうとして，感情的にもエスカレートする一方でした。

これが映画の中のひどいシーンであってほしいと思うかもしれませんが，残念ながらそうではありません。実際のプレイセラピーで，私たち専門家のセッションであっても，思いのほかこうした状況は発生します。マックスとモーリーのケースに出会ったのは，私が実施していたコンサルテーションの場でした。セラピストであるモーリーは，一体どうしたらよいのかもわからず，うまく対処できなかったことについて困惑し，とても大きな恥を抱えていました。「どうして彼は私の言うことを聞いてくれないのでしょうか？」と尋ねられたので，いくつか考えられる答えを思い浮かべま

した。その中で，なによりも決定的な要因は，二人が一緒になって感情の洪水に巻き込まれてしまったということでした。

感情の洪水を理解する

　脳や身体の調整能力を学べば学ぶほど，私たちはその力に畏敬の念を抱かざるをえません。なぜなら，困難な状況を認識したり神経系の活性化に直面したりしたときに，必要な対処を確実に実行するための脳の機能，そしてそれに応じる神経系の能力は，本当に並外れたものだからです。

　私たちの耐性の窓は，時々刻々と変化しています。自分が耐性の窓の領域内にいるときには，体験されている思考，感情，感覚を扱うことができます。しかし，**耐性の窓の外の領域に出てしまうと，感情の洪水を体験するほうへと移行**していきます。この現象は，コップの中に入った水にたとえることができます。耐性の窓という名のコップは，キャパシティの限界に達してしまうと，それ以上，思考や感情，感覚という水を入れておくことはできません。やがてその水は，あふれ出すことになります。この瞬間，私たちの脳は――本書冒頭のカルロスとのソードファイトやこの章のマックスの銃撃のときのように――ものすごい速さで膨大な量の情報を取り入れています。これに対して2つの反応，つまり交感神経が過度に活性化し

たり，あるいは副交感神経の背側迷走神経が過度に活性化するといった反応が起きるのです。

　本書で説明していることは，子どもたちにこうした症状が起きていることに気づくのと同様に，あなた自身が耐性の窓の外に出ていることや，感情が洪水を起こしかけているのに気づくための，より優れた能力の獲得へと導いてくれるでしょう。これは子どもたちに耐性の窓に留まる方法を教える手助けとなるように，あなた自身が耐性の窓に留まるためのガイドにもなります。

感情の洪水は関係性の一部です

　感情の洪水は関係性の一部なので，全てのプレイセラピーモデルの中で起きます。

　感情の洪水という体験に免疫を持っている人はいないはずです。どのようなプレイセラピーの理論やスキルであっても避けられないからです。もちろん，あなたの方法が指示的アプローチであろうと非指示的アプローチであろうと，いずれの場合にも生じ得ます。未だに感情の洪水を経験したことがない，もしくは，プレイルームの中で感情の洪水に巻き込まれている子どもと一緒にいたことがない，そんなセラピストに私は出会ったことがありません。

　セラピストが学ぶべきプレイルームで活性化した神経系を扱う方法のうちでも，感情の洪水に巻き込まれたとき，またその兆候があったときの対処の理解は，とくに不可欠な要素です。**感情の洪水が起きている間は，セラピストと子どもが身体的・感情的に傷つく危険性が増える**からです。したがって私たちは，感情の洪水体験について，オープンに，またストレートに話す必要があるのです。

感情の洪水とはどのようなものなのか？

　私たちの身体に "too much" な量の情報が入ってきたとき，反応のし
かたは二通りあります。**一つは交感神経を活性化させること，つまりエス
カレーション，もう一つは副交感神経の背側の活性化，つまりシャットダ
ウンまたは解離**です。本書のテーマは「攻撃性」なので，交感神経の活性
化に関連する感情の洪水を中心に述べていきたいと思います。ここでは交
感神経の活性化による感情の洪水について主に説明していますが，加えて
とても重要なこととして，子どもがシャットダウンし始めたり，精神的に
崩れ始めたりするという反応は，背側の活性化による感情の洪水のサイン
だということを知っておいてください。

　これまであなたは，急激にエスカレートし始める子どもに出会ったこと
はありませんか？　そのような状態を私は，「**子どもが後戻りできないポ
イントに到達した**」と表現しています。この状態になると，交感神経優位
のため自制心を失い，もはやあなたの声も聞こえずアイコンタクトすらで
きないはずです。まるでブレーキが故障し加速する電車のようにエスカレ
ートしていきます。あなたは思うでしょう——これを止めるには，もう何
かと衝突するしかない。そうです，あなたはこの様子を見たことがあるの
です。かつて自分の人生のなかでもこの電車のように暴走するときがあっ
た，そのことを思い出してしまうかもしれないのです。

　そんなとき，子どもたちがプレイルームの中で，烈火のごとく激しく怒
っていたのではないでしょうか。棚に登っておもちゃを投げようとしたり，
逃げようとしてあなたのオフィスを走り回り，物を壊したり捨てようとす
ることもあるかもしれません。それどころか，あなたを叩いたり，噛みつ
いたり，物を投げつけたりすることもあるはずです。このような行動は，
すべて交感神経優位の感情の洪水の例です。

　マックスとモーリーのケースでは，まずマックスに感情の洪水が起き，

最終的には自分の内的な体験を制御できない状態に達してしまいました。ここで彼はモーリーに噛みつき，叩き始めます。一方，モーリーもまたその体験に圧倒され，自分自身とのつながりを維持するための調整ができず，活性化した神経系に苦しめられていました。そのため，彼女にもやがて感情の洪水が起き始めていました。そしてモーリーは，マックスが聞き入れることができない，彼を怯えさせるようなバウンダリーを設定しました。すっかり恐怖のなかにいたので，攻撃的に反応しマックスをコントロールしようとしたのです。それが結果的に，彼の行動をエスカレートさせました。

感情の洪水に働きかける

　ここまで，活性化に対してどのようなベストを尽くしたとしても，感情の洪水は起きてしまうものだと説明してきました。

　ひとたび子どもたちが感情の洪水を起こしたら，対処法はたった一つです。それは，**安全のニューロセプションを作りだし，子どもたちが耐性の窓の中に戻って来られるように手助けすること**です。脳内で感情の洪水が起きているときには，論理的思考を司る脳の部位が一時的に機能停止しているので，自己統制する力が急激に低下しています。そこで子どもたちの内面で起きていることに言及したり，その振る舞いについて彼らを諭そうとすることは，かえって状況をエスカレートさせる行為になります。

　この瞬間に対応するためのスクリプトはありません。頼りになるのは，あなたがそこにいること，あなた自身を調整する力，創造性，そして直感です。この状況は，赤ちゃんが泣き叫んでいるのと同じなので，あなたは共感的な養育者として赤ちゃんが調整された状態に戻るために手を尽くさなければいけません。この時，活性化した神経系を抱えるための力が必要です。そして，逃げずに活性化に向き合わなければなりません。彼らが求

めているのは，確かにあなたとつながり続けているということなのです。
一瞬一瞬に同調し，「赤ちゃんをあやすために必要なこと」をしなければ
ならないのです。

　8歳のモーガンは，学校で攻撃性を暴発させてしまい，ときどき友達や
教師に怒りをぶつけてしまうため，私のセラピーに通うことになりました。

　プレイの中で，彼女はおもちゃの馬を使った物語を作ることにしました。
いくつかのフェンスを持ってきて，一列に並べ，馬術で飛び越えるような
コースを作ろうとしていました。そのコースを作るときに，フェンスをと
んでもなく近い間隔で配置したので，馬が飛び越えて，次のフェンスを飛
ぶために着地するスペースがほとんど残されていませんでした。私はこれ
を見て，彼女のプレイの体験が計画通りには進まないだろうと想像し，自
分の身体が固くなる感じに気づきました。その馬がフェンスとフェンスの
間におさまらないことは明らかでした。しかしこれは，治療的にとても大
事な場面でした。彼女のフラストレーションへの耐性は高い水準にはあり
ません。したがって，実際の生活でもこのような場面で，彼女がうまくい
かないと感じ，取り組んでいた物を叩いたり，逃げ出したり，途中で止め
てしまうような状況となっていたのです。そこで，違うプレイをするよう
に彼女をうながし，この重要な瞬間から救い出してしまうよりも，むしろ
私が外部調整器となり，フラストレーションに対する耐性の窓を広げるよ
うに働きかけることにしました。

　まず，私は呼吸によってプレイ中に生じていた不安の高まりを調整して
いました。さらに，彼女が急な感情の洪水に巻き込まれた場合に備えて，
マインドフルネスを活用して自分自身の身体とのつながりを保つ働きかけ
を行いました。また，彼女の調整不全を抱えられるように，意識的に腹側
の状態を保っていました。モーガンはおもちゃをセットアップし終わると，
馬を持って遊び始めました。最初のフェンスを跳び越えようとしたら，予
想していた通り，馬はそこに収まらず，2つのフェンスをひっくり返しま
す。彼女の生理反応を注意して観察すると，身体が緊張していくのがはっ

きりとわかりました。これは交感神経が活性化し始めているサインなので，深呼吸をします。それから彼女は，その馬に次のフェンスを飛び越えさせようとしました。しかしこの時も，足がフェンスにひっかかり，馬は倒れてしまいます。これは彼女には"too much"で，一言「もうおしまい」と言って立ち上がると，ドアの方に歩いて行きました。彼女の中でフラストレーションが溜まっているだけでなく，感情の洪水が起き，交感神経による逃走反応に至ったことが認識できます。私はすでに自分自身の調整をし始めていたので，彼女が感情の洪水を起こしても一緒にいることができました。そして，この出来事を抱えられたことが，統合への力となり，この瞬間を深く治療的な，神経系の再構築の機会にしたのです。

　モーガンは止める間もないうちに，ドアを開け，待合室に向かって行きました。覚醒レベルが目に見えて理解できる状態です。身体は強ばっており，話すスピードも早く，彼女の振る舞い一つひとつが神経系の活性化の徴候を示していました。ここで私ができることはたった一つ，彼女を調整された状態に戻すために，安全のニューロセプションを作ってあげることです。

　この場面は，セラピー内で発生する可能性のあるシーンで最も困難な瞬間の一つです。恐るべきもので，もしかしたら圧倒されるかもしれません。少なくとも，不快に感じるはずです。計画通りに進められないことはしばしばで，恥や罪悪感を感じ，自分の示した反応にきまりが悪くなるかもしれません。怒りが燃え上がり，誰かがこの状況を作り出したのだと人のせいにしたくなるかもしれません。感情の洪水は，私たちが望まないにもかかわらず，自分の防衛反応とそのパターンを活性化させるという傾向があります。ですから，セラピストが感情の洪水を必死に避けようとするのも，無理はないのです。

感情の洪水は悪いものなのか？

　感情の洪水は非常に不快なので，プレイセラピーの中で生じるのは悪いことだと考えるかもしれません。では，「感情の洪水は悪いことじゃない」と私が言ったら，あなたはどう思うでしょう？　もし感情の洪水——どんなに防ごうとしても起こるものなので，もう受け入れるしかありません——を，深い治療的体験にする方法があるとしたら，どうでしょうか？感情の洪水体験の捉え方を変える最初のステップは，それが起こるのを決して恐れないことです。大丈夫，それを教えるために私はいます。

考えてみましょう

　セッションの中で感情の洪水が起きている子どもについて考えてみてください。少し時間を取って，そのときに生じる恐怖を全て書き留めてみましょう。あなた自身が傷つくことを恐れているのでしょうか？　それとも子どもが傷つくことを恐れているのでしょうか？　コントロールを失い，バウンダリーをどのように設ければ良いか分からなくなることを恐れているのでしょうか？　それらを全て書き留めておきます。あなたが書き留めた恐怖は，おそらくあなたがこれまで体験した自分の感情の洪水が影響していると思われます。第5章で紹介した John Demartini 博士による「恐怖を統合させるエクササイズ」を，あなた自身の体験を統合するために活用してみましょう。

　モーガンとのストーリーで，彼女が感情の洪水を起こすかもしれないことに，私は恐怖を感じていませんでした。むしろ，感情の洪水が起こりそうなのがわかり，その体験を神経系の再構築のチャンスとして活用することにしました。「馬が跳べるように，もっとスペースを作ったらどう？」と，フェンスを動かすように彼女を促してしまうのは簡単なことです。そ

の代わりに，私はこの瞬間を治療的に活用する選択をしました。もしうまくいかなかったとしても，修復すればいいのだと信じていたからです。

爆発と修復が安全を構築します

　この分野の専門家の「性（さが）」かもしれませんが，私たちはクライエントが物事を“正しく”扱えるようになり，“不快”でなくなることにとらわれるあまり，その快適さと成長のチャンスをトレードオフしてしまうことがあります。知っていますか？　実は，共感的な養育者ですら，子どもと一緒にいる一定時間のうち，同調しているのはわずか30％の時間であるという研究報告があるのです（Tronick, 2007）。このことが意味するのは，非常に上手くいったケースであったとしても，実際には治療的関係のほとんどの時間で「呼吸の合わないダンス」をしているのです！　セラピストが，セッションの間はずっと同調していなければならないとか，感情の洪水なんて決して起こしてはいけないといった考え方に過度に固執すると，最も大切なことを失ってしまいます。それは，治療的関係における安全を構築する土台のひとつ，すなわち，**感情的なつながりを強化する相互修復のチャンス**です（Bullard, 2015）。爆発や不調和を修復するときにセラピストと子どもの間で生まれる，この相互修復こそが，関係性や信頼を強める「協働（ダンス）」なのです。つまり爆発と修復は，愛着の形成に必要だと断言できます！

　これまで述べたように，感情の洪水は関係性に含まれるもので，どんなプレイセラピーでも起こりえます。私たちがプレイルームで活性化した神経系を調整するために，クライエントにベストを尽くしていたとしても，不調和が生じることは仕方ありません。子どもが発する手がかりを逃してしまうこともありますし，気が散ってしまうこともあるでしょう。あるいは，セッション中に自分の防衛パターンが生じ，自分自身やクライエント

とのつながりを妨げることもあるでしょう。そして，子どもが感情の洪水を起こすように，私たちも同様にそうなる場合があるのです。

不調和は，爆発から修復への機会となり，それが治療的関係における安全を構築します。

あなたが感情の洪水を起こしたときには…

　さて，プレイルームでのあなたの行動を振り返ってみてください。子どもの振る舞いに圧倒されて，部屋から出て行こうとしたり，時計を見たり，感情的に麻痺させられたりしたことは，何回くらいありますか？　また，こういうことはないでしょうか？　あなたが子どもに怒ったりイライラしたりするあまりに，バウンダリーを設定してしまったとか，どのような方法をとるかは別としても子どもを厳しく叱ってしまったとか……。これらは全て感情の洪水のサインです。そして，神経系が "too much" であると認識した場合の，一般的な反応なのです。

　セラピストが子どもと一緒に交感神経優位な感情の洪水を起こしたときには，自己防衛の必要からプレイを強制終了するための介入をするのは，一般的なことです。しかし，そのためにセラピストと子ども双方に恥と罪悪感をもたらす可能性があります。また，背側迷走神経の活性化による洪水を起こしたときには，セラピストはシャットダウンや麻痺を起こし，逃走反応の兆候を示すこともあります。これは結果として，子どもに "無視された" または "放置された" と無意識に感じさせ，つながりが失われるという体験をさせてしまうことになります。

　そこで，私たちを**感情の洪水から救い出すヒント**をここに挙げておきたいと思います。

- 何はともあれプレイを一時停止し，部屋の中を見回して，狭くなっ

た視野から抜け出しましょう。その時間，その場所にいる自分を取り戻すのです。

- あなたが体験していることは，プレイセラピーのセッションの中で起きていることなのだと思い出しましょう。プレイを感じつつも，ただのプレイに過ぎないと思い出せるよう，自分を助けてあげてください。そのために"片足は内に置いて片足は外に置く"という，あの「おまじない」を心の中で唱えましょう。
- グラウンディングするために，呼吸と動作を使ってください。
- 扁桃体を落ち着かせるために，今体験していることを言葉にしたり，声に出して表してみてください。
- プレイを追跡し，脳の論理的部位の関与を維持するために，観察的なコメントの活用を忘れないでください。
- バウンダリーを設定してください！　プレイがあなたの耐性の窓の外に出てしまいそうに感じ始めたら，それを知らせ，方向転換しましょう。

　モーガンが部屋から出ていったときのことを思い出してみます。彼女につづいた私は，呼吸法でその瞬間に同調しようとしました。調整不全の状態だった彼女の，外部調整器になるためです。追いかけて待合室に行くと，彼女にはまだ感情の洪水が起きていて，逃走反応状態にあるとわかりました。もし部屋に連れ戻そうとしたら，すぐに攻撃的な爆発を起こして私を攻撃してくるだろうと，直感的に理解しました。そこで安全のニューロセプションをつくるために，彼女を見つめて，「ここはすごく気持ちが良いね。外に出てみない？」と声をかけ，一緒に外に出て，建物の周りを歩き始めました。歩いている間，私は静かにしたまま，彼女とともにグラウンディングしようと呼吸と動作を続けます。そのうちに私たちは，切り倒されて駐車場に山積みにされた木が，道を塞いでいることに気づきました。最初の山に近づいたときに，彼女がどう反応するかを注意深く見てい

ましたが，またすぐに別の障害物に遭遇しました。もう一度，私は彼女の
感情の洪水の可能性に備えます。少しずつ調整されてはいたものの，まだ
活性化している状態だと感じ取っていたからです。彼女は耐性の窓の端っ
こにいました。しかしながら，今が彼女の神経系を再構築するための機会
だと，私はこの瞬間を生かす決心をしたのです。**その駐車場を，巨大なプ
レイルームに変えてしまいました**。切り倒された木の山に近づくたびに，
まるで私たちはジャンプしようとしている馬みたいだね，と指摘しました。
そして木の山が来るたびに，一緒にその前に立ち，動作，呼吸を続けなが
ら，もし私たちがこれをジャンプしようとしたら，それはうまくいかない
だろうと話しました。不安や起こるかもしれないフラストレーションを，
一緒に調整します。これで私たちは，感情の洪水を起こすことなく，うま
く"ジャンプ"を解決したのです。建物の中に戻るまでには，二人で手を
つないでいて，彼女は笑顔になっていました。この経験は，彼女の脳内に
新しい神経回路をつくり出しました。彼女が私の手を借りて，感情の洪水
に対する恐怖から抜け出せたからです。私がこの本でお伝えしていること
のすべてを総動員したからこそ，困難に向き合い，それを通して彼女の調
整をサポートすることができました。

第10章キーポイント

- 感情の洪水は全てのプレイセラピーモデルで起きるものです。なぜ
  なら，感情の洪水というものが関係性の一部であるからです。
- プレイルームでの攻撃性にどう働きかけるかを学ぶことが，感情の
  洪水について，またそれが起こったときに何をすべきかについて理
  解するために必要です。
- 感情の洪水が起こったときに，唯一すぐにできることは，安全のニ
  ューロセプションを作ることです。

- マインドフルネスや呼吸，動作，体験していることの言語化などを活用することで，感情の洪水から身を守ることができます。
- 治療的関係における安全性は，幾度もの不調和や爆発，そしてそこからの回復から成り立つものです。

第**11**章
攻撃的なプレイの観察

　あなたは極めて攻撃的，あるいは度々「死」が登場するプレイをセッションで見たことはありますか？　子どもが繰り広げる激しい場面に一緒にいなくてはならず，自分の神経系が耐え難いほどに活性化したようなことはないでしょうか。立ち去りたくなったり，耐え難い感情の昂ぶりが始まって茫然としている自分に気づいたり，神経系の活性化が生じるプレイです。このようなプレイの観察者としてセラピストがセットアップされることは，よくあることです。その理由は，子どもがプレイ自体をそのようにセットアップしているから，またはあなたのプレイセラピーのスタイルが自ずと観察者になりやすいやり方だからです。

　兵士たちの戦いや，ドールハウスで誰かがひどい怪我をする恐ろしい場面，人形の赤ちゃんがプレイルームで放り投げられるところを見なくてはならないこともあるでしょう。他にも，子どもがサンドバッグを激しく叩くところや，ぬいぐるみが殴り合うところ，小さいおもちゃの動物が撃たれるところ等……観察者であるか直接プレイに参加しているかに関わらず，あなたは神経系の活性化を感じることになります。ですから，暴力を目撃したことによる症状を抱えたままセッションを閉じることのないよう，自分の神経系を調整するトレーニングを積むことがとても重要なのです！

　もし，あなた自身や子どもたちが自己調整することの重要性を理解しな

いまま，攻撃的，または何度も「死」が登場するプレイに立ち会えば，バーンアウトへとまっしぐらです。同じく，セッションが終わった後も，調整不全の状態を長く引きずったままでいるのも，バーンアウトのリスクとなります。

　この本で学んだことは全て，あなたがプレイに参加している場合と同様に，観察している場合にもあてはまります。観察者であるあなたが，オーセンティックな表現に努め，マインドフルネスや動作，呼吸，自分の体験を言葉にすることにより自己調整のモデルを示します，すると子どもたちは，あなたが自分の中に湧き起る激しい感情や感覚をどうコントロールするのかを観察するのです。子どもが外部調整器としてのあなたの助けを借りながら調整不全に向き合えるようになると，脳内の神経ネットワークが再構築されるのも，セラピストがプレイに参加している場合と同様です。

観察者の重要性

　あなたがもし，セラピーのときにプレイに積極的に参加するか，観察するか，その選択を子どもに委ねているのなら，観察者の立場に置かれるのは偶然ではないという可能性を考えたことはあるでしょうか？　つまり，あなたが観察者の役割を与えられたのも，子どもからのセットアップの一部だとしたら，どう思いますか？

　次のようなシナリオを考えてみてください。トビーは両親間の家庭内暴力を目撃したことがあります。シェイラは姉妹が性的暴行を受けるところを無理やり見させられました。マックスはお母さんが交通事故で死ぬところを見ました。レイラは居間に入って，お母さんが酔いつぶれて床で気絶しているのを見つけました。こういう子どもたちは，自分が感じているようにあなたにも理解してもらうために，どのように伝えると思いますか？その方法の一つが，あなたを観察者にすることなのです。

　したがって，あなたのプレイセラピーのスタイルによって，自然と観察者役になるとしても，セットアップを免れることはできません。**はじめからセットアップが仕掛けられている**のです。子どもは自分が感じたままをあなたに理解してもらうために，あらゆることをするでしょう。そして，あなたの神経系は活性化の影響を受けることになります。

よい観察者であることとは

　観察者として最も考慮を要することは，あなたのコメントに筋が通っていなければならないということです。たとえば，子どもが人形の赤ちゃんを痛めつけていて，セラピストがその赤ちゃんであるかのように泣いたとしましょう。子どもはおそらく，不思議に思うか，次のようなことを口に出すでしょう。「あのさ，痛くないよね。どうして泣いているの？　赤ちゃんはここにいるじゃない。あなたは大丈夫でしょ」。当然子どもにとって筋の通らないことなので，あっという間に混乱して，矛盾に戸惑い，プレイを途中で止めてしまいます。ご存知のとおり，環境に何らかの不一致があると，子どもの脳は一時停止し，混乱に意味づけをしようとします。つまり，矛盾があるとそこに筋を通そうとして，分析的思考に入ってしまうので，体験していることから引き離されるのです。私たちの目標は，子どもにできる限り長く内省してもらうことですから，それを促すような，筋の通ったコメントをしなければなりません。以下に，矛盾のない伝え返しとして，知っておきたい3つのタイプのコメントを挙げます。

①観察的なコメント

　観察的なコメントとは，子どもの遊びを見守る過程でセラピストが観察したことをそのまま伝えるというものです。たとえば，以下のようなもの

が挙げられます。

- 「車同士が衝突しているね」
- （子どもが人形の家の中に怪獣を入れて遊ぶのを見ながら）「家の中に怪獣がいるね」
- （子どもがスーパーヒーロー同士で殴り合いをさせるのを見ながら）「スーパーマンとバットマンが戦っているね」

　このようなコメントには，セラピストとしてのあなたを調整する効果もあります。あなたが内側で体験している神経系の活性化と，目の前で見ていることの体験との間での揺れ動きの，支えになるからです。そして，あなた自身を映し返すコメントと，子どもの行動への気づきを表現するコメント両方を使いこなすと，子どもにとって素晴らしい模範となります。なぜなら，セラピストがマインドフルネスを使った二重注意（自分自身と他者について同時に意識する）を目の前で子どもに見せることができるからです。これは愛着形成のプロセスでとても大切な要素です。また，観察的なコメントをするときは，解釈を加えず，ただ明らかなことだけを述べるようにしましょう。私が生徒たちに教えるときは「事実だけを述べるのですよ」と言っています。

②観察者としてのオーセンティックな表現

　観察者のとても大切な役割は，**感じたことを口に出して伝える**ということです。子どもから見せられている，目の前のプレイを観察しているとき，どんな気分なのでしょうか。不安でしょうか。無力感はありますか。お腹が痛いでしょうか。混乱していますか。怖いですか。戦いを見ているとき，なぜその戦いが起こったのか分かりますか。子どもがあなたを観察者にするのは，その出来事を見ているのはどんな気持ちなのか，それをただ見て

いるだけで何もできないのがどんな気持ちなのか，あなたに感じてほしいからです。これは特に，家庭内暴力を目撃した子どもたちについてあてはまります。したがって，戦いを見ているのがどんな気分であるか，あなたが伝えようとしなければ，子どもたちは非常に重要な体験を取りこぼすことになるかもしれないのです。

　次のセッションについて考えてみましょう。4歳のロニーはソファに人形を置き，人形が溺れているとセラピストに告げます。セラピストはすぐに恐怖を表し始めましたが，そこに立って見ている間に人形は溺れてしまいました。セラピストは「赤ちゃんが！　助けてあげないと！　誰も赤ちゃんを助けてない！　怖いよ！　赤ちゃんを助けないと！」とコメントしながら，活性化を調整するために腕をぶらぶらさせ，体を前後に揺すり，息を整えようと胸に手を当てました。ロニーは2歳のとき，弟が溺れるところを見ましたが，助けるために何もできなかったという体験をしていました。それをセラピストに分かってもらうために，赤ちゃんが溺れるところを目撃するようセットアップしたのです。この出来事のプレイの間，セラピストがロニーに同調しながら自己調整をやってみせると，彼のシャットダウンしていた神経系が動きだしました。彼は活性化しながらもセラピストのそばにやって来ると，深呼吸をし，自分の神経系の中のエネルギーを調整し始めたのでした。

③おもちゃの気持ちを代弁する

　観察者のリフレクションのしめくくりは，**おもちゃの気持ちを代弁する**というものです。繰り返しになりますが，このときもセラピストは筋の通るように伝えることが大切です。子どもがセラピストの言っていることを理解するのに手間取るようではいけません。あらゆるリフレクションは，子どもたちの遊びの体験を深め，自分を理解することに役立つようなものでなければなりません。おもちゃの代弁の最も簡単なものは，次のように

言うことです。

- 「私が○○（おもちゃの名前）だったら，こう感じているかな……」
- 「私が○○（おもちゃの名前）だったら，こう考えているかな……」

　このような発言なら，セラピストには矛盾がなく，子どもは理解するのに手間取らなくて済みます。この章の初めのほうでお話した，泣いている赤ちゃんの例で考えると，赤ちゃんであるかのように泣く前に，「もし私が赤ちゃんだったら，痛くて泣いているだろうな」と言うのが良かったかもしれません。矛盾が起きないのであれば，これとは別のタイプのリフレクションを用いて遊びを深めることもできます。

　ではまとめに，あなたが観察していることのリフレクションに役立つ，次のような質問を自分にしてみましょう。

- 私が言っていることは筋が通っているだろうか。
- 私はオーセンティックな人になれているだろうか。
- 自分が体験していることと表現していることに，矛盾はないだろうか。
- 事実だけを述べているだろうか，それとも解釈を加えているだろうか。

サンドバッグを使う

　あなたが観察者となる場合に使える道具に，サンドバックがあります。実際，プレイセラピーでサンドバッグを使うと子どもの攻撃性を高めてしまうと考えるセラピストもいます。その一方で，子どもに自分をしっかり表現させ，自信を付けさせる，プレイルームに欠かせないおもちゃと考え

る人もいるようです。

　二つの考え方に橋渡しをするために，攻撃性を不用意に高めず，子どもたちに攻撃性は表現する必要があるものなのだという理解を促すような，サンドバッグの使い方を考えてみましょう。ただし以下に挙げる例は，あくまでも喩えにすぎないことに注意してください。子どもたちがサンドバッグを使うときに，自分自身に対する自覚を深めるのに役立つ方法は他にも沢山あります。ですから，直感とあなたの経験を信じて実践を進めてみてください。ポイントは，サンドバッグを単にカタルシスを得るために使うのではなく，**マインドフルネスと統合をサポートするために使う**ということです。また，サンドバッグは幅広い用途のあるおもちゃで，プレイルームでの使い方も一つに限らないと心に留めておくことも重要です。多くの子どもたちは，無力感や力強さを投影する手段としてサンドバッグを使いますが，他にも支えを求めて寄りかかったり，乗っかって休み癒しを得るものとして，あるいは神経系を調整するために上で跳ねたり転がったりする感覚的なおもちゃとして使う子どももいます（これらは，サンドバッグ利用法のうち，2つの例を挙げたにすぎません）。

　子どもたちがサンドバッグを使う場合の重要なガイドラインは，次のとおりです。

- 子どもがサンドバッグを誰かに，または何かに見立てているという先入観は捨てましょう。それを知ることは重要ではありません。
- サンドバッグの性別をどちらにしているか分からない場合は，「それ」と呼びましょう。
- 子どもがサンドバッグに投影しようとしている潜在的な心情に対応するリフレクションを行うようにしましょう。
- できる限り，攻撃性を高めるような反応をしないようにしましょう。たとえば，「捕まえろ」「君はすごく強いな」「君がどんなに怒っているか見せつけてやれ」「もう一回殴ってしまえ」などのコメント

は控えてください。

- プレイによる神経系の活性化に同調しましょう。子どもは，セラピストが神経系の活性化を身体に落とし込んではっきりと表すまで，プレイし続けます。そして，子どもが攻撃的にサンドバッグを使う場合に念頭に置く最も大事な原則があります。それは，神経系が活性化している状態のときに，あなたが自分を保ち，自分自身や子どもとつながっていられる力にこそ，高い治療的効果があるということです。子どもが著しい調整不全にあり，攻撃性がエスカレートしているなら，子どもを落ち着かせることができるのは，セラピストが自分をコントロールし，感情的・エネルギー的に自分を保っていられる力です。また必要な場合は，子どもに確認してから，プレイを方向転換してもかまいません。
- 目標とするのは，カタルシスではなく，統合だということを覚えておいてください。

　では，子どもがサンドバッグを持ち上げて部屋で放り投げ，ひっくり返したり，猛烈な勢いで転がしたりしたために，あなたは自分の身を守るために逃げなくてはならないという状況を想像してみましょう。そこで効果的な反応は次のようなものです。

- サンドバッグの代弁をする：「私がサンドバッグだったら，きっと，『ぐるぐる回ってどうにもならなくなっている。世界がめちゃくちゃだ』と思っているんじゃないかな」
- 観察者として自分の気分を伝える：「この戦いを見ているのは怖いし，不安だな」
- サンドバッグの様子を観察したまま伝える：「サンドバッグの世界はめちゃくちゃに混乱していて，とても自分ではコントロールできない状態だ」

- サンドバッグと子どものやりとりを伝える：「全てがめちゃくちゃでコントロールできない状態がどんな気分か，サンドバッグにも分かってほしいみたいだね」

　また，子どもたちがサンドバックを支えにしたりそこで調整するために使う場合も，セラピストはその様子について，彼らにわかるように反応しましょう。

　10歳のボビーは，不安で半狂乱になりながら，部屋中を走り回って次から次へとおもちゃの間を行き来しています。すると彼はサンドバッグを見つけて，その上に寝転がり，バランスを取ろうともがきました。こんなときは次のような反応をすると効果的です。

- 観察したサンドバッグの様子を伝える：「サンドバッグは動いてばかりいるね。安定して君を支えるのがサンドバッグには難しいんだ」
- サンドバッグと子どものやりとりを伝える：「リラックスするために，サンドバッグが動かないようにしようと一生懸命みたいだね。でもサンドバッグが動き続けていると，どうしたらリラックスできるか，すごく難しいよね」

　子どもがプレイにサンドバックを選んでも，おもちゃを扱うときの一般的なガイドラインは，基本的に他のおもちゃと同じだと考えてください。

　さて，続く2つの章では，神経系が活性化して過覚醒・低覚醒それぞれの状態になったときのプレイで，攻撃性を和らげる，あるいは活性化を統合するためのヒントやアイディアを共有したいと思います。

第11章キーポイント

- 観察者であったとしても，あなたの神経系はプレイの激しさによって活性化します。そして，子どもたちは自分がどう感じているのかをあなたに見せようと，セットアップするのも同じです。
- 観察者であるときは，子どものプレイを見て感じたまま，オーセンティックで矛盾なく反応することが大事です。
- プレイを観察し，観察的なコメントを述べるときは，事実のみを伝えて解釈は加えません。
- 観察者であるときも自分を調整することが重要です。子どもたちは，内心のつらい気持ち，感情，感覚を統合するために，あなたの調整能力を借りる必要があるのです。
- サンドバッグは様々な用途に使えるおもちゃで，プレイルームでの使い方も一つに限りません。ただし，カタルシスではなく，統合のために用いることが大切です。

第12章
過覚醒のプレイ

　7歳のスコットがブロックを放り出して，私のそばに来て床に座ったときのことです。奇妙な不安が私の身体に入ってくるのを感じました。自分の呼吸が変わっていき，まるで部屋自体が息を止めているかのように，部屋の中のエネルギーが変化したことに気づきました。その変化を感知した瞬間，スコットは蛇の人形を摑んで，私に向かって投げたのです。本物の蛇が私に向かってくるのを一瞬想像して，何の防御もする間もなく，悲鳴を上げました。深呼吸をして，身体から緊張を解放すると，今度はクモ，ドラゴン，そしてサメが襲いかかってきます。私はここでオーセンティックになり，「なぜこんなことが起こっているのか理解できないわ。怖いわ。体を守れないし，けがをしたらどうしよう」と言いました。するとスコットは，彼の世界に入る窓を私に示してくれたのです。

　そのプレイは過覚醒で満ちていました。私は活性化の統合を助けるために，この本で皆さんに教えた方法を全て行います。頭ではプレイは現実ではないと意識しながら，体験していることをリアルに感じます。自分を保ち，その激しさを抱えるためにマインドフルネスを用いて耐性の窓を拡大しました。さらに呼吸と動作，体験の言語化で，彼のプレイと私の神経系のエネルギーを調整しました。これで彼は，自分自身とのつながりを保ち，感情の洪水を起こさずにいることができました。

　スコットは以前 DV（ドメスティックバイオレンス：家庭内暴力）を目撃していました。そのため，自分が体験した恐怖と過覚醒を私に理解させようと，プレイをセットアップしました。彼は動物を使って私を怖がらせましたが，"実際に"動物たちが直接私を傷つけることはありません。つまり，いつ傷つけられるかわからない不安，そしていつ暴力が始まるかの予測がつかないのはどのように感じられるのか，私に感じさせようとしていたのです。

　ここからプレイルームでの過覚醒に働きかける，より多くの方法を議論していきますが，その前に少し時間を取ってください。あなたの過覚醒症状をリフレッシュするために，第3章に戻って神経系チャートを参照してみましょう。それと，プレイ中に自分の活性化を調整しないと，子どもは私たちからオーセンティックな反応を得るために，さらにプレイを激しくするリスクがあること，そしてこれはまた，代理性トラウマや共感性疲労のリスクとなるものだと，もう一度思い出してみてください。

過覚醒ではもっと調整を

　では激しい過覚醒のプレイが展開されたときに，あなたを助けてくれる呼吸，体験の言語化について，より有効な活用を探求していきましょう。

とにかく呼吸です！

　さあ，プレイルームに過覚醒が現れました。あなたはおそらく，身体が固く締め付けられてきて，呼吸が浅くなったり，息を止めていたりするのに気づくはずです。これは恐怖や神経系の活性化を感じた場合に起きる，身体の自然な反応でした。しかし，呼吸が浅かったり息を止めたままでいると，感じていることをより強化し，過換気の一因となり，過覚醒のエネ

ルギーも維持してしまうことになります。

　プレイルームで過覚醒のエネルギーを感じ始め，自分の呼吸が速く短く
なっていることに気づいたら，大切なことは，**グラウンディングするため
に息を長く吐き，エネルギーを解放すること**です。時にはソードファイト
のような高速プレイもあるので，深呼吸をするのが難しいこともあります。
このような場合，ヒットとスイングの間に深い呼吸をすることを心がけて
ください。

　活性化の中でグラウンディングし，調整された状態を維持するために，
呼吸はとても役に立ちます。子どもたちにとっても良いことがあって，そ
れはあなたの呼吸音を聞いた子どもに自分も呼吸することを思い出させる
ことです。

声に出しましょう！

　あなたが動物に嚙まれていたり，人形が殴られ，床にぶつけられるのを
目撃したりしたら，黙っている場合ではありません（ただし，あなたが声
を出さないようにセットアップされていたり，プレイのなかで何らかの理
由で沈黙しているときは別です）。これは，観察した攻撃性はあなたにと
ってどのようなものか，それを描写し，体験を声に出して共有する時です。
リアルな自分になってみてください！　そうすると，自分が叫び，次のよ
うなことを言っているのに気がつくかもしれません。
　「恐い！」
　「どうやって自分を守ったらいいのかわからない……」
　「痛い！」
　「どうして私は戦っているのだろう……」
　「なんでこんなことが起きているの？　赤ちゃんがとても心配だわ！」
　活性化の間に「これを言うべき」という決まり文句はありません。その
瞬間のあなたに当てはまることならなんでも，声に出すことが重要です。

　覚えておいてほしいのは，**あなたが感じていることをはっきりと言葉にすると，あなただけでなく子どもの扁桃体も落ち着かせることができ，それが神経系統合のサポートになる**ということです（Siegel & Bryson, 2011）。

　また，子どもの行動について見たままを観察的にコメントすることは，自分の体験を声に出して共有するのと同じくらい重要であることも，心に留めておいてください。あなたと子ども両方がプレイ中の出来事に集中すると同時に，前頭前皮質の関与を維持するのを助けてくれます。

それを感じ，あるがままに

　あなたは武道家で，敵と対面している場面を想像してみてください。あなたはどうするでしょうか？　「止めなさい，あなたにはそんなことはできません」と言って，相手を制止しますか？　あるいは，そこから逃げますか？　いや，あなたはきっと，注意深く相手に向き合うはずです。敵が攻撃をしてきたら，そこから逃げたりはしません。その代わりに対峙するはずです。活性化とともに自分を保ち，あるがままにするでしょう。すると，次の攻撃がやってきます。あなたは再びそれに対峙し，その場に居てなすがままにするはずです。

　このような困難に直面した時と同じプロセスを，ヨガにも見出すことができます。想像しましょう。自分の身体の中にある固く緊張した場所を見つけて，バランスを崩しそうになりました。こんなときどうするでしょう？　あなたはきっと，注意深くその部分に向けて身体をあずけて，その感覚と共にいるはずです。それから，呼吸をして自分を解放し，そのままポーズに入っていくでしょう。要点は，私たちに子どもの活性化が向かってきたときも，いつも同じように，自分自身と子どものエネルギーと一緒に居ることです。そして，いつでも同じように，セットアップと活性化を

感じるようにすることです。「片方の足は内に置いて，片方の足は外に置く」という，あの「おまじない」を思い出してください。**起こること全てに対するオーセンティックな反応を自分に許し，全てをなすがままにします**。次々と活性化の波が向かってきても，すべてに対してこれを繰り返すことができます。

　4歳のヘンリーとのセッションは，これを説明するのにぴったりの実践でした。ヘンリーは「シューッ」という音を出しながら燃えている毒薬を投げつけてきたので，私はプレイルームの椅子とカウチの間に逃げ込んで，自分を守るために丸くなっていました。そのプレイの文脈にしたがい，燃えている毒薬が本当に投げつけられているかのような反応と，その毒が自分の身体に広がっていきほとんど言葉を発することができないという反応の間を，いったりきたりしました。「怪我をした！」「痛い」「燃えている！」「やめてー！」「息ができない」「怖い」「気が抜けない」「安全じゃない」。こんなことを言ったと思います。彼は再び私のところに来ると，野蛮な動物のように「シューッ」という息を私に吹きかけたので，身体は固く緊張してきました。私は自分自身が圧倒されることなくその体験に留まりつつ，取り込まれないよう，心の中で自分はプレイセラピーのセッションにいるということを思い出していました。ここでも呼吸。とにかく，たくさん呼吸をします。トラウマ的体験の恐怖を理解してもらおうとヘンリーがセットアップしたことに身を置きつつ，少しエネルギーの解放が起きるよう息を吐き出すことに集中します。狭い場所に詰め込まれていたので，体で動かせるのはつま先しかありませんが，小刻みに動かします。そうして自分の身体に活性化を感じながら，なすがままにするうちに，私は自分自身に戻ってきました。するとまた，ヘンリーは私のところに来て，シューッという音を出しながら，今度は枕を顔に押し付けて強く圧迫してきました。彼が私に感じてほしかったのは，圧倒されたり，痛みや恐怖に包まれているのに，それをどうにも止めることができないという体験でした。彼の世界をしっかりと感じられたので，私自身もそれを味わい，言葉

に出し，動かし，なすがままにしました。

いざ，ソードファイト！

カウボーイとインディアンの戦い，警察と強盗の逃走劇，そして子ども
のときの枕投げでも，私たちのほとんどは遊びで戦うときのエネルギーを
経験したことがあります。そんなときはげらげら笑ったり，同じくらい激
しくやり返したり，競争したり，おバカなマネをしたり，はしゃいだりし
たでしょう。ところが，プレイセラピーのセッションで頻繁に行われるソー
ドファイトは，そのような「ふつうの遊び」ではありません。楽しさや
遊び心にあふれるものではありません。標準的な子どもの頃の「戦い」と
は，その意味合いが大きく異なるのです。

では，プレイルームでのソードファイトの治療的効果を促進するヒント
を紹介しましょう。これらはあくまでも一般的なガイドラインであり，ルー
ルではないことを覚えておいてください。もし，子どもたちが何か他の
ことを必要とするなら，あなたに教えてくれるでしょう。最も重要なのは，
あなたの直感を信頼することです。

勝たないで，ゆっくりと力を失う

　他の遊びの形式と同じように，ソードファイトでもあなたはセットアップされ，子どもたちは自分が感じているようにあなたにも感じてもらおうとします。典型的なのは無力感です。なぜなら，彼らは自分が力不足なので，いま体験している，またかつて体験した困難な出来事に対する知覚を統合するのは大変なことだと感じているからです。

　したがって，あなたは力を失うことが重要なのです。十分な力がなく強くないので自分をうまく守れないので無力だ，という感覚を味わってください。

　力を失うのにとても良い方法は，ゆっくりと倒れこめるように，部屋の隅っこやカウチに追いやられて，どんどんと身を縮めることです。

あまり上手く立ち回らない

　子どもたちには戦い甲斐のある対戦相手が必要ですが，あなたが上手く立ち回りすぎると，セラピストとしてのあなたを倒す戦いになってしまいます。そうなると，子どもにとって本当の死闘になってしまいます。あくまでも，できる限り彼らのレベルに合わせて，そのステージで戦うことが重要なのです。

　Synergetic Play Therapy の集中トレーニングで，セラピストが「強すぎる剣士」になってしまっている好例を目にしました。そのセラピストは背の高い女性で，クライエントは半分くらいの背丈の5歳の男の子でした。彼がソードファイトを始めても，彼女は相変わらず背筋を伸ばしたままで，高いところから彼の頭の上に剣を振り下ろしました。当然子どもは，大人である彼女の力を簡単には跳ね返すことができません。すると彼は，彼女の剣を奪い取ろうと，高くジャンプしたり剣を振り上げたりしました。彼が感じている無力感や力不足を彼女にも感じてもらうには，どうにか低い

ところまで来てもらわなければなりません。今度は彼女を刺そうと，二刀流になったり，椅子を持ってきてその上に立ったりしましたが，何もうまくいきません。結局，彼はセラピストの脚を"切り落とす"ために強打し，これでようやくメッセージを受け取った彼女は，低い位置に降りてきました。

反撃をしても大丈夫なのか？

　反撃してよいかどうかも，様々な要因を考えないといけません。今まで私も数々の戦いをしてきましたが，反撃しようにも子どもたちの攻撃がとても強くて速いのです！　あるいは，攻撃に緩急をつけて，翻弄されるあなたを嘲笑うこともあるでしょう。それに，腕はあっという間に切り落とされますから，反撃どころか防御もできません。戦いにはとてもたくさんのバリエーションがありますが，最も重要なことは，**戦いの文脈がどのようなものであるか，そしてどのような戦い方をすれば結果としてエネルギーの流れが生じるか**ということなのです。

　あなたが反撃できる場合，それがオーセンティックだと感じられるなら，もちろん反撃してかまいませんが，次の**2つの重要なガイドライン**は守ってください。

- 子どもは「僕を攻撃して！」とか「足を切って！」といったことを時々言います。そのように求められたら，十分注意しながら，穏やかにそれを行ってください。あなたのやり方で大丈夫かどうか，子どもに聞きながら進めてください。
- どの時点であっても，ソードファイトがあなたには過剰（too much）に感じられたり，子どもの要求があなたに大丈夫だと感じられない場合，そのように伝えて方向転換する了承を得て，バウンダリーを設定してください。

　私が見た範囲でのことですが，コントロール欲求が強いセラピスト，「負けず嫌い」なセラピストや無力感を味わうのが苦手なセラピストは，時々小さなジャブを入れていたように思います。ただそれは，エネルギーが落ち着いている状態の時に子どもの脚をちょっとだけ切ってみたり，気がついていないときに小さな一刺しをするくらいのものです。私たちは誰しも，力を失うのが難しい時もありますし，そんなときは活力を欲するものです。プレイルームでこのようなことが生じた場合，あなた自身に対するニーズを認識し，呼吸し，それから避けようとしている不快な感情を感じることを，自分に許してあげてください。

プレイの台本通りに

　子どもたちから，彼ら自身に対する攻撃——剣で切りつける，銃撃する，手錠をかけるといった行為——を求められることがありますが，極めて重要なのは，**子どもたちの「台本」どおりに続ける**ことです。これはセラピーのプロセスで子どもたちが自分自身をエンパワーするために，あなた自身に難敵になってもらおうとしている典型的な場面です。あなたが正確にどう行動したらいいか，ここで一時停止して，子どもに教えてもらいましょう。

　たとえば，私が8歳のジェニファーとソードファイトをした時のことです。彼女は二本の剣と盾を持っていましたが，私には何も持たされていません。完全に無力で自分を守る方法が全くないと感じるようにセットアップされていました。ところが突然，彼女は私に自分の剣と盾を差し出して言いました。

　「さあ，今度はあなたの番よ」

　私はここで一呼吸置いて，自分を保ち，彼女に尋ねました。

「あなたが私にしたのとまったく同じようにするのがいい？　それとも別のやり方がいい？」

「わたしがやったのと同じようにして」と彼女は言いました。

　戦いを始めようと彼女に近づいたとき，自分の呼吸にマインドフルになって，それまでの戦いの中で彼女がしていないことはくれぐれもしないよう，十分注意しました。そして私が彼女の脚を切り払おうとしたまさにそのとき，彼女は私に魔法のポーションを投げつけて彫像に変えると，自分の力を取り戻したのでした。

　もし子どもから求められた行動が，どうにも不快でたまらないことや，トラウマ的体験の再強化が懸念されることである場合は，事前に知らせてから方向転換しましょう。これは，子どもたちがあなたに何かをするよう求めるか否かにかかわらず，どんなプレイにも当てはまりますが，どう展開するにしても，エネルギーを動かし続けられることが大切なのです。

第12章キーポイント

- ひたすら調整しましょう！
- 神経系が活性化し過覚醒が起き，呼吸が浅くなるのに気がついたら，吐く息を細く長く伸ばして，呼吸を調整することが重要です。
- 過覚醒のプレイから神経系の活性化を感じ始めたら，それを味わい，言葉にし，動かして，なすがままにしましょう。
- 自分が本当に痛めつけられていると思うほどプレイにのめり込まないよう注意してください。そのプレイは，子どもたちにセットアップされたものであると思い出してください。
- ソードファイトのガイド：上手く戦わず，ゆっくり力を失いましょう。子どもから「挑戦者」になって何かをするように頼まれたときは常に，子どもの台本通りに進めましょう。

第**13**章
低覚醒のプレイ

　私は待合室に入ると，母親の隣に座っている5歳のジェニーに挨拶しました。「初めまして」と言おうと身を屈めたときです。ジェニーはいきなり椅子から飛び降り，廊下を駆け出していったのです。とてもびっくりして，私は自分の気持ちを感じる間もなく，彼女を追いかけて走りました。後ろ姿が見えたところで，彼女はプレイルームに駆け込んでいきました。私もプレイルームのドアを開けて中に入った途端，ジェニーはおもちゃの銃を取り出して私を撃ちました。セッションの残りの時間，私は「死んだまま」の状態です。ただ思うことは，「初めましてとも言えなかった」ということだけでした。

プレイルームでの「死」は本当に必要か？

　ジェニーは生まれてすぐに養子になりました。それは多くの点で，完璧な養子縁組の物語のように見えました。産みの母親は，良い家庭に生まれ知的に優れた16歳で，自分が母親になる準備ができてないと判断しました。そしてジェニーを養子縁組にする決断をした後，養父母を慎重に選びました。ジェニーの養父母となった人たちは，彼女の妊娠中からずっと関

わり，出産時も部屋にいました。そしてジェニーがこの世界に現れた時，
彼女は養母の腕に抱かれたのです。

　だから，彼女は私を「殺す」必要がありました。なぜなら，彼女が私に
知ってほしかったのは，「初めまして」と言ってつながりたかったのに見
捨てられ，拒否され，望まれていないと感じることがどんな気持ちである
かだったからです。まず私は，彼女が見捨てられてどれほどのショックを
体験したのか，理解することが必要だったのです。

　ある程度の感情的な麻痺，解離，感情的な萎縮，抑うつを経験している
子どもは，しばしば低覚醒状態を呈します。私たちは，大きすぎて何もで
きないような困難を感じたり，あるいは長期にわたり強烈な体験をすると，
防衛本能が働き，自然と神経系が背側迷走神経の活性化された**低覚醒状態**
になります。このことは覚えておいてください。こうした体験をした子ど
もたちにとって，「死」のプレイは治療的に非常に重要な部分かもしれま
せん。**「死」は，無力で，価値がなく，深く拒絶されたような感覚，さら
には消えたいという思いをセラピストに知らせるためのセットアップの一
環としても使われる**のです。また，実際に誰かの死を目撃した，もしくは，
愛する人の喪失を体験した子どもにとっては，「死」のプレイは文字通り
のことを意味します。

　ただし，もしかするとセラピストは「死」のプレイをすることが，実際
の死にまつわることがらを助長するかもしれないと懸念するかもしれませ
ん。攻撃性と同様に，「死」を再演したりプレイ中に「死」の表現を許す
ことが，プレイルーム外での恐ろしい行動を促進するのではないかという
不安があるかもしれません。しかし，これも攻撃的なプレイのときと同じ
く重要なことですが，覚えておいてほしいのは，「死」のプレイであって
も神経系が活性化する中で自分を保ち続け，調整し，そしてマインドフル
でいるモデルとなる能力が，子どもの神経系統合の促進で支えになるとい
うことです。では，セラピストがそこに居られず，プレイで生じた感情の
活性化を言語化しようともせず，自分の中に，そして子どもとの間で起き

ていることに留まれないとしたらどうなるでしょうか。きっと子どもは,
自分の神経系の統合を続けようとして, プレイルーム外にプレイを持ち越
さなければならなくなるので, セラピストはそのリスクを引き受けること
になるでしょう。

　もし, プレイルームで「死」を探索するというアイデアがあなたにとっ
て困難な考えである場合, 心に留めておいてほしいことがあります。子ど
もたちが演じている「死」というのは, あらゆる文化の歴史に普遍的に記
録されている真実であるということです。子どもが死のプロセスに興味を
持つのは普通のことです。私たちは毎日, なんらかの死や結末に囲まれて
います。子どもたちが人生経験のなかでも重要な部分である, 「死」にめ
ぐり会ったときに生じる感情や感覚を探索するのに, プレイルームは最適
な場所なのです。

いかに「死んで倒れる」のか

　長年にわたる多くの試行錯誤——ときに滑稽で, ときに痛みを伴うよう
な——を経て, ついに私は「死んで倒れる」ときに役立つ方法を身につけ
ました。ポイントは, **怪我をせずに, プレイルームと子どもに何が起こっ
ているのかを把握した状態で死んでいること**です。それから, 子どもから
「生き返って」と言われるか, セッションが終了するまではその状態のま
までいなければならないことも, 忘れてはいけません。

　あるセッションで, 私は強盗になり, 銀行を襲撃せよと命じられました。
レジに忍び寄ると, マーガレットは私に, 彼女の方を向いて両手を挙げる
ように言いました。私が両手を挙げて振り向いたとき, 彼女は私を撃ちま
した。よろめいて後ろへ下がると, 再び発砲されます。私の身体は, 本当
に撃たれているかのような反応をしました。そして, おそらくこの時点で
死んだと認識し, 倒れました。ところが不運にも, 転倒までは予定になか

ったので，後ろに倒れた時に箱庭の角が背中を直撃しました。これはたまりません。さらに背中から着地したので，腕を広げたままの完全に危険な状態です。気がついたときにはもう，彼女は私のお腹に剣を突き刺していました。ああ，また痛い。

　ここで，プレイルームで死ぬ必要があるときに，自分自身の安全を守るためいくつかの提案をしたいと思います。

- 柔らかいものの上に倒れましょう。撃たれたり，刺されたり，殴り倒されるときは，ソファや椅子のような柔らかいものに崩れ落ちましょう。
- あなたの頭とお腹を守る方法で倒れるようにしてください。可能であれば身体を丸めてください。仰向けで胃と心臓の部分がむき出しになった状態で倒れると，そこを撃たれたり刺されたりする可能性が高くなります。これは本当ですよ！
- 目を完全に閉じないでください。そうすると非常に脆弱になるため，過覚醒を引き起こす可能性があります。また，子どもを追跡することができません。目を開けて遠くを見つめても構いません。また目を開けることで，周辺視野を使って何が起こっているのかを見ることができます。

- どのように倒れても，子どもがやっていることに背を向けないように，部屋の中心を向いて倒れるようにしてください。
- あなたが床に倒れなければならない場合，胎児のように身を丸めた姿勢で倒れるようにしてください。片方の腕を伸ばして頭を支え，もう片方を頭の上に乗せた状態で着地してください。そうすることで，両腕の間に隙間を作り，覗き込むことができます。

死んでいる人は話さない

　セラピストが死ぬ時は，話さないことが重要です。私は死んでいる間に何度も話そうとするセラピストがいるのを見てきました。彼らはそのたびに何度も殺されてしまいました。死んでいる間に話すと，かえってプロセスを長引かせることになります。また，死んでいるにもかかわらず話したいというセラピストの気持ちは，その間に何も感じたくないという欲求に由来することを発見しました。これはまたほとんどの場合，コントロールの感覚をセラピストが取り戻そうとする手段とも考えられます。なぜなら，率直に言いましょう，「死」のプレイは大きな無力感やコントロールできないことを味わわされる体験だからです。

　ただし，死んでいるときであっても会話できる，3つの例外的なルールがあります。

- 子どもが幼く，あなたが死んでからかなりの時間が経過している場合，あなたを生き返らせることができると伝えてください。すばやく上体を起こし「いつでも好きなときに生き返らせられるよ」とささやいたら，またすぐ横になりましょう。
- 死んでいるからといって，時間を意識する必要がないわけではありません。残りの10分，5分，1分……と，子どもに伝えることは依

然として重要です。

- 死んでいるからといって，必要なときにバウンダリーを設定できなくなるわけではありません。あなたが死んでいるのに，子どもが刺し続けているか，傷つけようとしている場合，ためらわずにバウンダリーを設定してください。

低覚醒と「死」における調整

「死」のプレイは少なくとも攻撃的なプレイと同じぐらい，活性化する可能性があります。しかしながら，低覚醒の調整には困難がともないます。なぜなら，この状態に働きかけるためのエネルギーがほとんど失われた状態で，調整に不可欠なマインドフルネス，呼吸，動作を続け，（話すことが許されている場合には）体験していることの言語化もしなければならないからです。調整をしない状態が続くと，高レベルの麻痺を体験し，潜在的な逃走反応や解離を起こすかもしれません。さらに，あなたが神経系の活性化をまだどこかに感じたまま調整をしないでいると，セッションが終わった後におそらく何らかの影響を感じることになります。

「死」のプレイで低覚醒のエネルギーを解放するのが大変難しいのは，このように，あなたは「死んでいる」ので，話すことができず，じっとしていなければならないからです。したがって，必然的に**調整は内側のプロセスで行われる**ことになります。体験していることを言語化したり，外から見てわかるような動きはできませんが，マインドフルネス，呼吸，そして内部の動きを使って，神経系の調整不全を改善すれば，自分を保つことができます。たとえ死んでいるとしても，あなたにはまだ身体があるのです！　そこに横たわっている間，「セットアップされたことを感じながらプレイしているのだ」と思い出してください。そしてもう一つ，あなたが感じている神経系の活性化の調整を通して，子どもたちは調整の練習をす

るということの重要性は，どのようなプレイでも変わりはないことを，忘れないでください。これからいくつかのヒントを紹介するので，子どもに同調し自分を保ち続けて，身体を調整することに役立ててください。

とにかく呼吸，呼吸，呼吸

　低覚醒のプレイでも，調整の最良の方法は，呼吸です。

　あなたが死んでいる間でも調整された呼吸ができるよう練習してください。これは，長時間にわたって死んでいなければならない場合に特に役に立ちます。まず，吸気と呼気を同じ長さにすることで呼吸を調整します。その時に，静かに長さをカウントするとうまくいきます。息を吸いながら，ゆっくりと1…2…3…4と数え，今度は息を吐きながら，ゆっくりと1…2…3…4と数えます。このサイクルを繰り返し続けます。あなたにとって心地よく感じるなら，いくつまで数えても構いません。

やってみましょう

まるで死んでいるかのように床に横たわり，1分間，調整された呼吸を練習してください。

ボディスキャンを行う

　死んでいる間に自分の存在を維持するための次の戦略は，**ボディスキャン**です。まずマインドフルになって足に注意を向け，十分に感じられるまで一時停止します。あなたの内側で非常に活発な感じがしてくるかもしれませんし，何も感じられないことに気づくかもしれません。いずれにして

も，ただ気づくだけで十分です。次に，身体の他の部分へと注意を向けていってください。次の部分に注意を向けるときはいつも一時停止して，そこがどのように感じられるか意識してください。

　身体の様々な部分に気づきを向けると，そこを動かしたくなるかもしれません。その場合は，**子どもには見えないようにして動かしてください**。たとえば，靴の中でつま先を動かしたり，筋肉を固くしたりゆるめたり，床やソファに身体を押しつけるといった動作が，わずかかもしれませんが「死」のプレイの中に変化をもたらします。調整をより最適にするためには，こうした動きを両側性（bilateral）のあるものにするとよいかもしれません（bilateral は，"左右両側に影響を与えること"を意味します）。たとえば，足の筋肉を固くするなら，左脚と右脚を交互にするという具合です。これにより，脳の右半球と左半球の両方が活性化し，神経系の統合を促進するのです。

あなたにはまだ感覚があります！

　たとえあなたが死んでいるとしても，それは子どもたちの困難な体験とそのとき味わった感覚をあなたが体験するように，セットアップされたことにすぎません。そこで横たわっているとき，自分に問いかけてください。「今の気分はどう？　孤独を感じる？　悲しみを感じる？　無力に感じる？　生き残るためのチャンスすらなかった？　価値がないと感じる？　もう過覚醒で神経系が活性化したり，攻撃的プレイをしたくないので，安心している？」（最後の質問は，高強度の攻撃的なプレイの後に「死」が起こった時によくある気持ちを表現しています）。

　セットアップを感じたら，それに飲み込まれないうちに，身体の調整不全に気づいてください。自分自身と子どもに同調し続けるために，プレイルームで何が起きているのかを，より広い視野で把握してください。

感じていることを言語化することはできませんが，自分が感じていることそのものを認識すれば，調整の恩恵を受けられるはずです。静かに感情を認識していくにつれて，その感情に向き合えるようになり，低覚醒反応による神経系の活性化の中でも自分自身を見失うことなく，つながり続けることを可能にします。

あなたには心もあります！

死んで横たわっているうちに，あなたの心がさまよい始めることがあります。夕飯の買い物リストを考え始めたり，心惹かれることについて考えたり，部屋の中で起きていることから自分の感情を切り離そうとするかもしれません。これは自然に体験することで，誰にでも起こり得ます。また，眠気を感じたり，ぼんやりとするかもしれません。そのときは，ただそれに気づき，身体と呼吸に注意を向けることで**自分に戻ってください**。もし，目を開けたまま死んだか，覗き見ができる体勢で倒れているなら，部屋の中で何が起きているか，そして子どもの状況を把握してください。

子どもはあなたを感じることができます

しかし，なぜそれほど長い時間，低覚醒状態で過ごすことがとても重要なのか，あなたは疑問に思うかもしれません。その答えは，**子どもがあなたを感じることができるから**です。すなわち，あなたが外部調整器だからです。

短くも激しいソードファイトの後，リリーは私の心臓を突き刺し，死の宣告をしました。幸いなことに，胎児のように身を丸めた姿勢で倒れることができ，彼女が部屋のどこにいるのかを追跡するために，腕の下から覗

き見ることができました。それから，マインドフルネスと呼吸を使って感じていることに留まり，彼女からのセットアップを感じながら自分とのつながりも保ちました。そうするうちに，私はリリーともつながった状態を保つことができることに気づきました。次の25分間，リリーは少し迷ったように部屋を歩き回りましたが，最終的に箱庭に向かい，静かに砂に触ってそれを容器に入れました。その間，彼女が私の方を見たり，私のところへやってくることはありません。ところがさらに10分が経過した後，私は自分自身の存在を保つことが難しくなっていることに気づきました。やがて私の心は完全に「お散歩」を決め込んで，その日のスケジュールと夜にすることについて考え始めたのです。私は自分自身から離れてしまい，リリーのために保持していたエネルギーのコンテナを手放しました。私はもはやそこに存在していませんでした。この瞬間，リリーは箱庭から立ち上がり，私のところへまっすぐ歩いてきて，私を蹴ったのです。彼女には私が離れてしまったことが感じられたのです。

死んだまま存在する

　正直に言って，背側迷走神経の活性化は，崩れ落ちそこから離れたいという感覚を生じさせるので，低覚醒エネルギーのまま自分を保ち続けるのは困難です。私の個人的体験から，そして教え子たちと一致した見解から言えることは，**「低覚醒の川」を航行することは，「過覚醒の川」を航行するより，はるかに難しい**ということです。プレイの中で，無視されたり，追放されたり，見捨てられたり，置き去りにされたり，そして死んだままにされるなかでも，自分を見失わずにいるには，かなりの努力と身をささげるような覚悟が必要です。この体験はほとんどのセラピストにとって，あらゆる種類の不快な感情を引き起こします。

　ですから，「話すことも動くこともできないのに，どうやって横たわっ

たままで子どもに調整を教えるのでしょうか？」と，あなたが疑問に思っ
たとしても無理のないことです。しかし，何も起きていないように見える
かもしれませんが，実際には多くのことが起こっているのです。横たわり
ながらマインドフルな調整をする時，あなたは部屋のエネルギーに影響を
与えています。子どもたちが不快な感情や感覚を避けるのではなく，それ
らに向きあうことを可能にするコンテナを，しっかりと持っているのです。
沈黙の中で，子どもたちはプレイに関連した自分の気持ちを感じる機会が
あります。悲しそうな，または内気な子どもの隣で静かに同調している，
共感的な母親になったように考えてみてください。母親なら，子どもが低
覚醒であっても，外部調整器としての役割を続けるはずです。

　こうしたプレイの中に居続けるために役立った戦略は，**映像化**です。自
分が小さくなり，消えてしまいたい，あるいは離れたいと感じるとき，自
分自身がエネルギー的には部屋と同じぐらいに大きくなるのを想像します。
そして，部屋よりも大きく，**子どもを含む全てのものを自分が包み込んだ**
と感じるまで，想像し続けます。

 やってみましょう

　胎児のように身体を丸めた姿勢で床に横になります。もし大丈夫なら，
この「死の姿勢」を練習してみましょう。気球のようにエネルギッシュ
に膨張し，壁や天井まで広がり，部屋のあらゆるスペースを埋める自分
を想像してください。自分が大きくなるのを感じてください。部屋の中
であなたの存在が拡張するのを感じてください。

繰り返される死

　時に，子どもは1回のセッション中にあなたを複数回殺すことがあります。あなたは死に，再び生き返るように言われますが，それはただ別の死に直面するだけです。このタイプのプレイで，あなたの神経系は過覚醒と低覚醒の活性化した状態の間を急激に行き来するので，かなりの疲労を伴うおそれがあるため高いレベルでの調整が求められます。覚えておいてほしいのですが，この神経系の活性化の段階の一つに，**二重自律神経活性化**と呼ばれるものがあります。これは，交感神経枝と背側迷走神経の両方が同時に優位になろうとしている時に起こるものです。あなたの一部は戦いたい，一部は崩れ落ちたいという感じがしてきます。このタイプのプレイにおけるセットアップは，時間が経つにつれて，本当に死にたい，死んだままでいたいという感情を作りだす可能性があります。このプレイで象徴的に表されているのは，背側の活性化により長時間にわたり逃げ出したいという感覚や麻痺が続いていたということです。また，プレイの中で生きたままでいると死が差し迫ってくることがわかっているので，無力感と絶望感が生まれるかもしれません。さらに時間が経つと，セラピストは「いい加減にしてくれ」という気持ちに達しますが，それに対し何もできずにいると怒りの感情が生じてきます。ここでも一番大切なのは，**この「死んでいる」体験のなかで，あなたがオーセンティックであり，調整のモデルになる能力を発揮する**ということです。

低覚醒状態の描写とは

　9歳のボビーは床におもちゃの兵隊を並べています。私は彼の前に座っていますが，部屋のエネルギーは非常に静かです。起きていること全てが

まるでスローモーションのようです。私の脳は，戦いが始まろうとしていることを知らせていますが，不安を感じることができません。もっと言えば，何も感じることができないのです。なぜなのか，彼が兵士を並べていくのを見ていたら，少し眠くなり始めました。ボビーは兵隊をセットアップし終えると，兵士を一人持ち上げ，スローモーションで動かし，別の兵士を撃ちました。彼は静かな銃声を出します。音は漂い，消えていきます。そしてまた別の兵士を持ち上げ，再びゆっくりと静かに別の兵士を攻撃します。戦争が始まり，確かにそれを見てはいるのですが，感じることができないのです。

　私たちは「死」を伴うプレイを見るようにセットアップされている時，低覚醒を感じるようにもセットアップされていることがあります。眠くなることがあるのは，そのためです。麻痺し，ボーっとし，退屈に感じることもあります。この状態になると，自分の感覚の情報を取り入れるのが難しくなるかもしれません。これらの反応は，強烈なプレイに何度も立ち会ったり，神経系がシャットダウンしようとしている時にもみられますが，プレイで「死」が繰り返されたときにも同じようにあてはまります。体験が脳内で過剰なものとして記録されると，背側迷走神経の崩壊反応が始まるのです。

　すでにここまでで，神経系が活性化した状態で調整する方法を学んでいるとはいえ，自分が体験していることが何か分からなければ，それを言葉で表現するのは困難です。低覚醒状態での体験を表現することには，つまり感覚や感情の欠如を表現することも含むのです。たとえば，ボビーとのプレイで，私は次のようなことを言いました。「**あなたが兵隊を並べているのを見ても，私の身体は何も感じないわ。目の前で戦いが起こっているから，私の頭（脳）では怖いと教えてくれるけど，そういうふうに感じられないの**」。このような説明がとても重要な意味を持つのは，脅威的なものを観察し，それを感じることができないという体験は，子どもたちのトラウマ反応の一部である可能性が非常に高いからです。人の身体は，神経

系の活性化を体験すると，それに上手く対処するために必要なことは何でもします。トラウマを体験したりトラウマになるような出来事を目撃した多くの子どもたちにとって，その体験の再構築に向けて動き出すには，まず活性化した神経系を探索することが重要です。あなた自身が感じられるよう自分を助けることが，調整を可能にし，同じように子どもが感じるのを助けることになるのです。

　そして，子どものプレイで観察したことをたくさん伝え続けることを忘れないでください！

ネガティブな独り言

　低覚醒のプレイについて最後に注意事項があります。低覚醒に満ちたセッションを体験したセラピストは，「私は何か間違っているのでしょうか？何が足りないのでしょうか？」といった質問をしばしばします。彼らには何も欠けていません。実はこの疑問も，まさしく尋ねるように仕組まれたものなのです。このようなネガティブな独り言は，多くの場合は，低覚醒にまつわるもので，**セットアップの一部**でもあります。低覚醒の反応がある場合，自分を疑い，何か理解していないことがあると思ったり，自分自身に何か問題があると思いこみやすいのです。私たちはこれらがすべてセットアップの一部であり，子どもの内的体験だろうということを忘れているのです。

第13章キーポイント

- プレイにおける「死」は，神経系の低覚醒状態の象徴的な表現です。
- プレイにおける「死」は，子どもたちが無力で，自分は重要ではな

く，深く拒絶されている，と感じていることを，私たちに感じさせるためのセットアップの一部であるかもしれません。

- 低覚醒のプレイの間にも，感じること，調整すること，同調することが重要です。なぜなら，彼らが調整不全の統合に向けて取り組む時に，子どもたちも同様にあなたを感じることができ，あなたの存在を必要としているからです。

- 死んでいる間に，マインドフルネスを実践し，ボディスキャンをして，そして呼吸を活用することは，あなたが動いたり，話したりできない場合の効果的な調整方法です。

- 低覚醒体験には時に背側迷走神経の崩壊反応による身体の麻痺も含まれますが，この体験を表現する場合，そうした感覚と感情の欠如も言語化しなければなりません。

第14章
攻撃的プレイの中での親へのサポート

「お母さん，今日は部屋に一緒に来て，私たちと遊ばない？」と6歳の
エレンは尋ねました。母親はそれがいいのかどうかを確認するためにセラ
ピストの方を見ると，彼女は頷いて，母親にも参加してもらうことを許可
しました。

　3人がプレイルームに入ると，エレンはすぐに遊び始め，馬の赤ちゃん
とトラのフィギュアを取り出しました。すぐに，そのトラが幼い馬を攻撃
し始め，嚙み付いたり，激しく傷つけたりしていました。母親はそれにシ
ョックを受け，啞然とした様子でしたが，娘の遊び方を見て圧倒されてい
るのは明らかで，彼女はすぐに，「エレン，馬に優しくしなさい。そうや
って遊ぶのはよくないわ」と言いました。エレンは母親を見て，それから
セラピストを見ました。そして，セラピストがどう反応するかを待ってい
ました。

　攻撃性はセラピストだけが取り組んでいる課題ではありません。それは
親の課題でもあります。親がプレイを観察するためにプレイルームにいる
とき，またプレイの一場面について尋ねたとき，もしくは家庭で子どもの
攻撃性に困っているときなど，いずれの場合かにかかわらず，**親も子ども
と同じように多くのサポートを必要としています。**

　親への働きかけについては多くの理論があります。セラピストの中には

プレイルームに親が常に一緒にいることを支持している人もいます。一方で，それにわりと否定的で，子どもとは別に親に働きかけるのを好むセラピストもいます。あるいは臨機応変に，これらを組み合わせている人もいるでしょう。

　親に対する働きかけがあなたの業務の一部である限り，どんな理論に基づいているかは関係ありません。本章では，**親がプレイルームに同室することになり，そこで攻撃的プレイが始まった場合に，どのように親に働きかけるか**について説明していきます。

　では，次のような物語をイメージしてみましょう。あなたとワークをしている子どもは，おもちゃの拳銃や剣，手錠を持って，自分の母親を撃ったり，刺したり，手錠をかけたりしています。または母親が見ている前で，あなたにそうするかもしれません。それから，おもちゃ箱を床にひっくり返したり，部屋の外に投げたりするかもしれません。ここであなたは何をしたらよいでしょうか？　どのようにしてこの場面を治療的にできるでしょうか？　そして，もっと重要なこととして，神経系が調整不全になりかけている母親に対して，どのように働きかけることができるでしょうか？

　理解してほしい肝心なことは，あなたが自分のプレイセラピーのセッションに親を参加させる時には，**自分と子ども，そして親という3人の神経系の調整をする必要がある**ということです。

　3歳のオリヴィアは，待合室で母親の腕を摑んで，プレイルームに連れて行くような仕草を見せました。これは3回目のセッションで見られ，最初の2回のセッションでは母親をプレイルームに入れたがりませんでした。セラピストは，オリヴィアの希望を快く受け入れ，3人で一緒に移動しました。

　部屋に入ると，母親は椅子（スツール）に座って見ていました。オリヴィアとセラピストは母親の隣で床に座って遊び始めると，オリヴィアは兵隊のおもちゃを持ってきて戦争を再現しだしました。プレイルームはすぐに不安と高い警戒心で満たされ，多くの兵隊は生きているかどうかわから

ない状況でした。セラピストはオリヴィアの遊びを追跡しながら，彼女の行動について観察的なコメントをし始めました。しかしその一方で，プレイのエネルギーを調整することや，部屋の中で感じられる恐ろしい感情について言語化しなかったため，神経系の活性化が高まっていきました。オリヴィアの遊びは徐々に暴力的になりましたが，ただバウンダリーが必要になるほどではありません。とはいえ，ひたすら強烈でした。活性化がさらに高まるなか，セラピストはひきつづき観察的なコメントをしつつ一緒に遊び，母親もそれを見続けていました。

　ところがプレイがより攻撃的になったときに，母親は見ているのが不快になり，身体が固まり始めました。活性化した神経系が"too much"と感じ始めていたのは明らかであり，副交感神経の背側が反応している兆候でした。このとき，母親は感情の洪水に巻き込まれていたのです。セラピストは床に座って，子どもに注意していたため，母親の変化には気づきませんでした。

　この場面は，録画されたセッションを私がスーパービジョンした際に観察したプレイです。ビデオの映像を見ると，プレイがどんどん展開されていき，彼らの神経系が活性化にどうにか対処しようとする様子がわかりました。ここで私は，その子が両親の間の家庭内暴力を目撃していたのではないかと気づきました。彼女の父親は母親に対して身体的な暴力を加えた後，家を出たということは知っていました。つまり，一見して母親はただそこでプレイを観察しているようでしたが，実際に彼女が見ていたものというのは，自分が受けた暴力だったのです。そして彼女の娘は，まさに自分の目の前で起きていた攻撃的な場面を再演していたのでした。このプレイは結果として，オリヴィアが自分の身に起きていることを統合する助けがない中で味わったトラウマ的出来事の，追体験になっていたのです。

　繰り返し述べているように，子どもたちはセラピストの存在やそのオーセンティシティ，そして調整のためのキャパシティを感じられない時，セラピストが自分の存在をプレイにひらかざるを得なくなるまで，激しさの

度合いを徐々に上げていきます。これと同じことは親にも当てはまります。子どもたちは親の存在を感じることが必要なので，そうでない場合はやはりプレイを激しくしていくのです。この事実が示すのは，**セッションに親が同席する場合，外部調整器であるあなたは，親への働きかけも一緒にする必要がある**ということです。子どもたちが遊びを通して訴えたいことを親が理解できるように伝えるのは，必要なことの一部でしかありません。より大切なことは，親自身が過覚醒や低覚醒になったときに，身体のエネルギーを調整する方法を伝えることなのです。そしてこれにより，親が子どもの調整モデルになるのです。

　このセッションで次に起きたことは，セラピストにとって非常に大きな学びの経験となりました。

　やがて母親の神経系の活性化はエスカレートしていきシャットダウンし始め，最終的には解離を起こしました。この瞬間，子どもは母親の後ろに来て，おもちゃの剣を持つと，セラピストの制止を振り切って，母親に向けて振り上げ，彼女の顔を切りつけました。トラウマが再演されたのです。

　この出来事はセッションに参加していた全員にはっきりと影響を与えたため，再度安全のニューロセプションを構築するために修復が必要でしたが，無事に構築されると，オリヴィアと母親は肯定的で統合的なプレイセラピーを体験することができました。

　これは皆さんと分かち合いたいとても重要な物語であり，本章の意図を素晴らしく表現しています。私はこの経験を共有しようと意を決してくれたセラピストの勇気に，心からの感謝を伝えました。彼女はこの学びにより，プレイルーム内での親に対する働きかけの新しい方法を少しずつ身につけ始めたのです。その新しい方法とは，誰にも感情の洪水を起こさず，シャットダウンしたりすることもなく，より深いレベルでの統合をサポートする方法です。

　スーパーヴァイジーたちがプレイルームで親をともなうセッションを持ちこんで来ると，私はほとんどいつも，「親はどこにいましたか？」と，

まず初めに尋ねることにしています。多くの場合，親は部屋の隅っこで見ていたり，椅子に座ったりして，セラピストと子どもとの間で展開される遊びからは距離をとっているようです。つまり，大体の場合で観察しているのみなのです。

　親がプレイルームにいるとき，あなたの役割は「2人のクライエント」に対して，プレイの仕方や相互的に関わる方法を教えることになります。**すなわち，親は床であなたのすぐ隣に座る必要がある**のです。

　また，セラピストが攻撃性に圧倒されたり，恐怖を感じたりしている時には，親もまたそのように感じています。そして，親自身がもつ攻撃性の是非についての考えや，攻撃性にまつわる体験，さらに神経系が活性化する最中に自分とのつながりを維持する力が，プレイルームにおける彼らの耐性の窓に影響を与えています。そのまま言い換えれば，親の考えや体験が，プレイルームで攻撃性が出現した時に，今ここに留まることができるか，またはシャットダウンしようとするかを左右するということです。

　これらの理由から，**セラピストがプレイルームの中で親にもう一つの外部調整器になる方法を教えること**が，非常に重要なのです。それによって彼らは攻撃性がプレイルームに生じても，子どもをサポートすることが可能になります。もし私たちがその方法を彼らに教えない場合，攻撃性がプレイルームの外で生じたときに子どもたちをサポートするために必要なスキルを，彼らは学び損ねてしまうでしょう。またそれは，圧倒されたりトラウマ的な感覚に襲われたりするようなセッションから親が逃げ出してしまい，できれば戻りたくないと思わせる可能性を高めることになりかねないのです。

セッションは教えるための時間です！

すでに探索したとおり，子どもたちは自分たちの内的なエネルギーを抱える方法を学ぶときに，大人の調整能力を借りる必要がありました。セラピストである私たちだけが，自分の調整能力を強化したり耐性の窓を広げたりする方法を学べばいいのではなく，同じようにする方法を親にも教える必要があるのです。

Synergetic Play Therapy でのセラピストは，親がプレイルームに入るときにはコーチ役にもなります。親がセッションに参加することをセラピストが事前に把握し，そのセッションの前に**トレーニングセッション**の時間を設けて顔合わせができれば，理想的なシナリオと言えるでしょう。このトレーニングセッションは，プレイルームでセラピストから親に期待することを伝え，そこで活用して欲しいいくつかのスキルを練習し，必要な時にはサポートに入ってもらえるよう，親とのより良いつながりを作る時間です。思い出してほしいのですが，知らないことは脳にとって脅威として認識されるので，一緒にワークする親へ期待することをあらかじめ理解してもらい，セラピーがうまくいくよう心の準備をしてもらいましょう。

プレイルームでの親の調整

オリヴィアとのセッションに戻ってみましょう。彼女の母親は部屋に入って椅子に座りプレイを見ていました。では，母親の体験した感情の洪水を防ぎ，オリヴィアのプレイがより攻撃的になっていくときに母親の思考，感情，感覚の統合をサポートするには，先ほどとはどう違う形でこのセッションを進めればいいのでしょうか？　いくつかのオプションを見てみましょう。

- まず，オリヴィアが取り組んでいるプレイの性質を考慮すれば，母親がトレーニングセッションを受けないままセッションに参加するのは適切ではないことから，セラピストは母親に参加しないよう提案ができたかもしれません。

- セラピストは，母親の非指示的アプローチに対する耐性の窓と準備状況を判断しながら，プレイの中でより包み込み（コンテインメント）を促すような指示的アプローチを提供することができたかもしれません。

- もし非指示的アプローチを選択したならば，セラピストは床の自分の隣に座るよう母親にお願いしたほうがよかったでしょう（もし母親が身体的な理由により床に座れない場合，椅子をセラピストのすぐ隣に持ってくるか，もしくはセラピストが母親の隣で椅子に座ります）。

- 観察的なコメントをしてプレイを追跡するのに加えて，セラピストはもう一度，本書で紹介されている全てのスキルを活用して，活性化した神経系を調整し始めてもいいでしょう。彼女自身の内的な体験を声に出して言語化する，その感覚を今ここに維持して扁桃体を鎮静化する，呼吸を長くしエネルギーを落ち着かせる，そして活性化した神経系を統合するために動作を活用する，これら学んだこと全てがオプションになります。セラピストがそうすれば，つまり母親にもそうできるよう力づけることになります。

- 母親の身体が緊張するのにセラピストが気づいたとき，母親の調整のためにプレイを一時停止するか，神経系がそれ以上活性化しないよう母親の調整を力づけることができたかもしれません。親がプレイルームにいるときでも，もちろんプレイを停止させて大丈夫です！

- 最も重要なことは，指示的アプローチと非指示的アプローチのどち

らを採用したとしても，セラピストはプレイルームの中のすべての神経系の調整役になることです。

　プレイルームで親と一緒にワークすることの最も素晴らしい点は，親が自分自身のケアをしているところを，子どもが観察できる点です。これはすなわち赤ちゃんの体験——親が赤ちゃんの泣き声を聴いて調整不全を起こし神経系を活性化させる真っただ中で，自分自身を今ここに保ちグラウンディングするのを，子どもが感じられる体験——になぞらえることができます。この行動により，腹側迷走神経系は活性化され，安全感が生まれます（Bullard, 2015）。これは親と子どもの協働調整において非常に重要な段階です。親自身が調整し始めると，子どもが彼らの調整キャパシティを借りられるからです。

　セラピストは親が子どもを調整できるようにするために，親の調整をするのです。

親とのセッションにおけるバウンダリーの設定

　親がセッションにいる場合でのバウンダリーの設定について議論する前に，最初に検討しなければならない「大きなバウンダリー」があります。それはつまり，そもそも親がセッションにいることが役に立つのかどうかの判断——特に攻撃性がプレイに現れることがあらかじめ想定されるときは，なおさら検討しなければならないバウンダリー設定の判断です。

　あなたが治療的計画として，プレイルームに親を連れて行くという決断をしたとしましょう。セラピーの目標達成のために親を伴う必然性があるのなら，連れていくことに何らの問題はありません。ただし，もしその理由が判然としないのなら，おそらく親がそこにいる必要はないかもしれません。親をセッションに入れるのであれば，彼らがそこにいる理由をしっ

かりと理解しておかなければならないのです。

　プレイルームに親がいる必要があるかどうかを決めるときには，考慮を要する多くの検討事項があります。

- 親自身の生育歴におけるトラウマ体験を確認しているか？
- 親はセッションに入りたいと思っているのか？（抵抗感のある親の場合，プレイルームにバリアを張ることがありますが，セラピストは進んでその抵抗を取り扱わなければなりません）。
- 子どもの神経系統合の試みを支えられるくらい，親の耐性の窓は広いか？
- 親の調整機能はどの程度発達しているのか？
- 親はどのぐらい情緒的に役に立つのか？

　これらは全て，親が同席した状態でのアプローチの活用を決断する前に，セラピストが考慮すべき問題です。特に，子どもの治療的プロセスに攻撃的プレイが含まれることがあなたの想定内にある場合は避けられない問題です。ただし，もしこれらの質問に「いいえ」もしくは「あまりよくない」と答えたとしても，それは親がプレイルームにいる意味が無いこととイコールではありません。必要なことは，セッションに十分な準備をするために親とより協力すること，そして多くのコンテイメントを作り出すためのより指示的なアプローチを選択することです。

　また，プレイルームに親を入れないという選択をしたとしても，セッションとは別の場面で親に働きかけることは極めて重要です。もちろん，それが不可能な状況もあるということは理解しています。しかし，家族全員が一緒に成長し癒やされるために，求められるサポートをあなたは可能な限り最大限提供できているか，親と関わるなかで確かめてほしいと思います。

　子どもとの間のバウンダリーの設定については，恥を感じさせたりプレ

イをシャットダウンしたりしないような方法を検討しました。親がプレイ
ルームにいる場合については，セラピストが積極的にバウンダリー設定の
コーチをしていきましょう。コーチとは，まずどのようにバウンダリーを
設定するか，お手本を見せるところからです。

　ヨルダンは，6歳の時に両親がネグレクトと児童虐待により刑務所に入
れられ，叔母に養子として引き取られた子どもです。彼とのセラピーでは，
両親と生活していたときに体験したことを探索している様子がわかりまし
た。最初，恐怖感や警戒心，安全感の欠如を感じるなかでプレイしている
ように見えて，とても過覚醒にあふれたプレイでした。本書で概説した方
法を活用し私から手助けすることができると，彼は調整不全の状態を調整
する方法を学習し，最終的には，処理の過程にあったトラウマ的感覚や感
情は統合されました。彼はいったん自分自身とつながる方法を身につける
と，悲しみや捨てられた感じを遊びに取り入れられるようになり，プレイ
自体も低覚醒の方にシフトしていきました。私がもう一度彼の感覚統合を
手助けするために働きかけると，ヨルダンのプレイはより調整されたもの
になりました。ここで私は，今叔母がセッションに参加できるタイミング
かもしれないと直感したのです。そしてなんと，このときヨルダンも偶然
同じことを感じていました。というのも，次のセッションで彼は私に叔母
を参加させて良いかを尋ねてきたのです。

　叔母が加わってセッションが始まると，ヨルダンは自分の体験を叔母に
セットアップしようとして，いきなり彼女に向かって物を投げ始めました。
ヨルダンの叔母は圧倒されている様子だったので，私はバウンダリー設定
のコーチとして，お手本を見せるきっかけだととらえました。そこでヨル
ダンの方に歩いて行き，彼の目を見つめて言いました。「ヨルダン，あな
たが感じたことを叔母さんにわかってもらうのはとても大切なことよね。
だからちょっと，他の方法でやってみてくれるかしら」。そしてヨルダン
が他の方法を見つけようとプレイルームを見回している間，私は叔母に対
してこのようにバウンダリーを設けることはとても大切なのだと説明しま

した。ヨルダンはセッションの後半で，再び叔母を圧倒させようと，クッションを顔に押しつけて窒息させようとしました。私はすぐに叔母のそばに行くと実践練習として，どのようにバウンダリーを設定すればよいか耳打ちしたのです。これにより叔母はヨルダンに恥を感じさせることなくバウンダリーを設定できただけでなく，ヨルダンの行動は彼が内的に体験していた圧倒を，自分に伝えるための手段であったということも理解できました。また，彼女は家庭でもこの方法でバウンダリーを設定できるようになり，ヨルダンとのつながりも相変わらずしっかりと保てているということでした。バウンダリーの設定という方法と，自分がヨルダンの外部調整器になるための力の強化が，二人の関係性にとってかけがえのないものになったこと，そして家庭でヨルダンが彼女を圧倒させることが劇的に減少したことを，後になって教えてくれました。

　以上のことを要約して，**親がセッションに参加する時のためのいくつかの提案**を示したいと思います。

- 親の神経系の調整をサポートするために，親にはあなたの隣に座ってもらいましょう。
- あなたは親のコーチ役になってください。
- 親が十分に外部調整器を引き継ぐことができるまでは，あなたが親と子ども両方の外部調整器として機能することを，責任として受け止めてください。

第14章キーポイント

- プレイルームでの攻撃性はセラピストだけの課題ではありません。それは親にとっての課題でもあります。親がプレイルームに入り，子どもが攻撃的にプレイをし始めた時には，加えて親へのサポートも必要になるのです。

- プレイセラピーの理論にかかわらず，親に対する働きかけはセラピーにおいて重要なポイントです。

- 親がプレイセラピーのセッションに入る時，それは指導の時間になります。

- 親が同室するプレイセラピーのセッションでは，セラピストはその部屋にいる全員——自分自身はもちろん，子ども，親の神経系に対しても外部調整器となります。

- セラピストは，親がセッションの間に耐性の窓の内側にいることができるようなバウンダリーの設定方法を，積極的に教えなければいけません。

まとめ

　プレイルームでの攻撃性に対して，どう働きかけるかについて学ぶことは，あなた自身とあなたのクライエントとの終わりなき旅です。この旅は，同調と不調和の瞬間に満たされています。また多くの爆発と修復の瞬間もあるでしょう。そして，プレイルームで「正しくする」ということを追究するものではありません。本当の自分でいて，オーセンティックに癒しを目指すプロセスです。あなたのセッションで起きる全てのことを，プレイルームにいる人との間で共有された体験であると理解することです。そしてこうした共有された体験が，より深い癒しと変容への入口となるのです。

　さあ，深呼吸をして自分を信じて，身体を感じながら，あなたの内側へと踏み込んでいきましょう。

謝　辞

　何年もの間，私に本書を書くことを勧めてくれた私の学生たちすべてに
──みなさんが自分の物語に脆さを抱え，そして私を信頼してくれたこと
が，私を鼓舞し，みなさんのためにこの本を書かせました。

　本書は，私の愛する人，私の友人，そして時に私自身よりも私を信じて
くれた巨大なサポートシステムの助けなしには実現しなかったでしょう。
本書の執筆にあたっては，自分の本当の声を発見するために，自分自身の
恐怖と向き合う必要がありました。また，この本で紹介するすべての教え
を身体化する必要もありました。その結果，私の中に起こった変化にとて
も感謝しています。次の人々には特段の感謝を贈ります。

　私の家族，特に母 Terri Terni と父 Steve Terni には，その愛と私への
深い信頼に。

　娘の Avery には，執筆に時間を費やす間の不屈の忍耐と理解に。あな
たは私の最大のインスピレーションです。

　Jeremy Dion には，私を応援し，私の可能性を信じてくれることに。娘
の世話をし，夢を追い求める自由を与えてくれてありがとう。

　親友の Enette Pauze, Jolina Karen, それに Jayson Gaddis には，私が
本書の執筆に行き詰まり，励ましが必要になったとき，私が恐怖に立ち向
かうのを手助けしてくれたことに。

　Kathy Clarke と Khris Rolfe には，揺るぎない支持と，本書が持つ力へ
の信頼に。私と Synergetic Play Therapy に寄せるあなたの信頼が，私に
翼を与えてくれます。

　コロラド州プレイセラピー研究所の私のチームには，私が私らしくいら
れるようにみなさんがしてくれることすべてに。

John Demartini 博士には，私が「すべきこと」に挑戦する許可を与え，人生でそれに向かって進むことを励ましてくださることに。

Lari Magnum には，毎週私を私自身の元へ導き，私が他者に与えうる最大の贈り物はそこにいることであるとわからせてくれることに。

双子の弟 Stephen Terni にも，道のりのすべてのステップを共にしてくれてありがとう。

Krista Reinhardt-Ruprecht には，この本のイラストで見せてくれた芸術的な才能に。

Dave Garrison，本書はあなたなしには実現しなかったでしょう。この本に命を吹き込む旅を通して私の手を握り続けてくれてありがとう。

Bonnie Badenoch には，本書に序文を寄せてくださったことに，そして言葉を超えて私を鼓舞し，本書の内容を形作るのを助けてくれた，脳についての美しい会話の数々に。

Deborah Malmud と Norton には，私が本書を書くにあたっての忍耐と指導をありがとう。あなたのフィードバックはいつも的確かつ貴重でした。

私の子どものクライエントたちには，私に剣を振りかざし，手錠をかけ，私を撃ち，怒鳴りつけ，そして私がみなさんの世界を理解できるよう一生懸命がんばってくれたことに。本書はみなさんのためのものでもあります。

参考文献

Badenoch, B. (2008). *Being a brain-wise therapist: A practical guide to interpersonal neurobiology.* New York, NY: Norton.

Badenoch, B. (2011). *The brain-savvy therapist's workbook.* New York, NY: Norton.

Badenoch, B. (2017). *The heart of trauma.* New York, NY: Norton.

Bandura, A. (1977). Social learning theory. Upper Saddle River, NJ: Prentice Hall.

Bratton, S., & Ray, D. (2000). What research shows about play therapy. *International Journal of Play Therapy, 9,* 47–88.

Bratton, S., Ray, D., Rhide, T., & Jones, L. (2005). The efficacy of play therapy with children: A meta-analytic review of treatment outcomes. *Professional Psychology: Research and Practice, 36,* 378–390.

Bullard, D. (2015). Allan Schore on the science of the art of psychotherapy. Retrieved from www.psychotherapy .net/interview/allan-schore-neuroscience-psychotherapy

Bushman, B. (2002). Does venting anger feed or extinguish the flame? *Catharsis, Rumination, Distraction, Anger and Aggressive Responding, 28,* 724–731.

Dales, S., & Jerry, P. (2008). Attachment, affect regulation and mutual synchrony in adult psychotherapy. *American Journal of Psychotherapy, 62*(3), 300.

Demartini, J. (2010). *Inspired destiny.* Carlsbad, CA: Hay House.

Dion, L., & Gray, K. (2014). Impact of therapist authentic expression on emotional tolerance in Synergetic Play Therapy. *International Journal of Play Therapy, 23,* 55–67.

Dispenza, J. (2007). *Evolve your brain: The science of changing your mind.* Deerfield Beach, FL: Health Communications.

Edelman, G. M. (1987). *Neural Darwinism.* New York, NY: Basic Books.

Elbert, T., & Schauer, M. (2010). Dissociation following traumatic stress: Etiology and treatment. *Journal of Psychology, 218*(2), 109–127.

Fonagy, P., & Target, M. (2002). *Affect regulation, mentalization and the development of the self.* New York, NY: Other Press.

Geen, R. G., & Quanty, M. B. (1977). The catharsis of aggression: An evaluation of a hypothesis. In L. Berkowitz (Ed.), *Advances in experimental social psychology* (Vol. 10, pp. 1–37). New York, NY: Academic Press.

Gerhardt, S. (2004). *Why love matters: How affection shapes a baby's brain.* New York, NY: Routledge.

Ginott, H. (1965). *Between parent and child.* New York, NY: Macmillan.

Gottman, J. (1997). *Raising an emotionally intelligent child: The heart of parenting.* New York, NY: Fireside.

Heyes, C. (2009). Evolution, development and intentional control of imitation. *Philosophical Transactions of the Royal Society B, 364,* 2293–2298.

Iacoboni, M. (2007). Face to face: The neural basis for social mirroring and empathy. *Psychiatric Annals, 37*(4), 236–241.

Iacoboni, M. (2008). *Mirroring people: The new science of how we connect with others.* New York, NY: Farrar, Straus and Giroux.

Iyengar, B. K. S. (1979). *Light on yoga: Yoga dipika.* New York, NY: Schocken Books.

Kabat-Zinn, J. (1995). *Wherever you go, there you are: Mindfulness meditation in everyday life.* New York, NY: Hyperion.

Kestly, T. (2014). Presence and play: Why mindfulness matters. *International Journal of Play Therapy, 1,* 14–23.

Kestly, T. (2014). *The interpersonal neurobiology of play: Brain-building interventions for emotional well- being.* New York, NY: Norton.

Levy, A. J. (2011). Neurobiology and the therapeutic action of psychoanalytic play therapy with children. *Clinical Social Work Journal, 39,* 50–60. doi:10.1007/s10615-009-0229- x

Marci, C. D., & Reiss, H. (2005). The clinical relevance of psychophysiology: Support for the psychobiology of empathy and psychodynamic process. *American Journal of Psychotherapy, 259,* 213–226.

Mehrabian, A. (1972). *Nonverbal communication.* Chicago, IL: Aldine-Atherton.

Ogden, P., Minton, K., & Pain, C. (2006). *Trauma and the body: A sensorimotor approach to psychotherapy.* New York, NY: Norton.

Ogden, P., Pain, C., Minton, K., & Fisher, J. (2005). Including the body in mainstream psychotherapy for traumatized individuals. *Psychologist-Psychoanalyst, 25*(4), 19–24.

Osho (1983). *Hsin Hsin Ming: The Book of Nothing.* Tao Publishing.

Oxford Dictionaries. Aggression. Retrieved from https://en .oxforddictionaries. com/definition/aggression

Perry, B. D. (2006). Applying principles of neurodevelopment to clinical work with maltreated and traumatized children: The neurosequential model of therapeutics. In N. B. Webb (Ed.), *Working with traumatized youth in child welfare.* New York, NY: Guilford Press.

PESI (2012). Applications of the Adult Attachment Interview with Daniel Siegel. PESI Publishing and Media.

Porges, S. (2011). *The polyvagal theory: Neurophysiological foundations of emotions, attachment, communication, and self-regulation.* New York, NY: Norton.

Post, B. (2009). *The great behavior breakdown.* Palmyra, VA: Post.

Rizzolatti, G., Fogassi, L., & Gallese, V. (2001). Neurophysiological mechanisms underlying the understanding and imitation of action. *Nature Review Neuroscience,* 2, 660-670.

Schaeffer, C., & Drewes, A. (2012). *The therapeutic powers of play: 20 core agents of change.* Hoboken, NJ: Wiley & Sons.

Schore, A. N. (1994). *Affect regulation and the origin of the self: The neurobiology of emotional development.* New York, NY: Erlbaum.

Schore, A. N. (2003). *Affect regulation and the repair of the self.* New York, NY: Norton.

Schwartz, A., & Maiberger, B. (2018). *EMDR therapy and somatic psychology: Interventions to enhance embodiment in trauma treatment.* New York, NY: Norton.

Siegel, D. J. (1999). *The developing mind: How relationships and the brain interact to shape who we are.* New York, NY: Guilford Press.

Siegel, D. J. (2007). *The mindful brain: Reflection and attunement in the cultivation of well-being.* New York, NY: Norton.

Siegel, D. J. (2010). *The mindful therapist: A clinician's guide to mindsight and neural integration.* New York, NY: Norton, 2010.

Siegel, D. J. (2012). *Pocket guide to interpersonal neurobiology.* New York, NY: Norton.

Siegel, D. J. (2013). *Brainstorm.* New York, NY: Penguin Putnam.

Siegel, D. J., & Bryson, T. P. (2011). *The whole brain child: Revolutionary strategies to nurture your child's developing mind.* New York, NY: Delacorte Press.

Tronick, E. (2007). *The neurobehavioral and social-emotional development of infants and children.* New York, NY: Norton.

Tyson, P. (2002). The challenges of psychoanalytic developmental theory. *Journal of the American Psychoanalytic Association,* 50(1), 19-52.

Van der Kolk, B. (2015). *The body keeps the score.* New York, NY: Penguin Books.

Zahavi, D. (2001). Beyond empathy: Phenomenological approaches to intersubjectivity. *Journal of Conscious Studies,* 8, 151-67.

監訳者あとがき

　本書の翻訳作業が始まったのはコロナ禍真っ只中の2020年の2月頃でした。当時大分で開催されていた SE（Somatic Experiencing®）の3年間のトレーニングを終えるタイミングで，訳者の一人である濱田先生からこの企画を頂きました。当初はどのような内容かもわからず，とりあえず役に立ちそうな本だからみんなで翻訳してみましょう，という軽い気持ちでお引き受けしたように思います。しかしながら，この本を訳していくにつれて，この本は攻撃性を抱えた子どもたちとそれを支える保護者や専門家にとって，非常に役に立つものである，という確信を持ちました。実際にこの本で学んだことを困難な事例に当てはめていくと，それまでどうにもならなかったケースがよい方向に動き始める，という経験をすることができました。この本に出会えて，本当に良かったと思っております。

　私たちは，激しい攻撃性を持った子どもたちにときに遭遇します。本書が示すように，そういった子どもたちの多くが，人生の中で何らかのトラウマを受けて育ち，それゆえに激しい攻撃性を持つに至ります。しかし，残念ながらそういった背景には思いが及ばず，感情コントロールの難しい子，キレやすい子，として捉えられ，その子自身の抱える真の「困り」に焦点があたらないことがほとんどです。

　そして多くの場合，大人たちは子どもたちの示す攻撃性を前にして，なすすべがありません。その攻撃性にひるんでしまうか，それに耐えられず，逆に子どもたちを攻撃して，ときに傷つけてしまうこともあります。では，いったいどのように対処すればいいのか？　その道を示してくれるものはあまりなく，只々子どもたちの攻撃性に疲弊し立ち竦んでいる大人たちを

たくさん目にします。

　本書はそういった攻撃性とどのように向き合っていけばいいか，新しい視点で理解することと，具体的で示唆に富んだ方法を教えてくれます。著者の Lisa Dion さんはご自身の行うプレイセラピーで子どもたちと触れ合う中，この方略を見出したということですが，今の時代が必要として探し求めているものを，見つけるべくして見つけたのだと思います。

　本書の示す方法は，これまでにないとても斬新なものです。近年注目を集めているポリヴェーガル理論の視点を取り込んでいて，科学的な見地からみても理にかなったものだと言えます。

　激しい暴言や暴力は，たとえ子どものものといえど，大人でもたじろぎ圧倒され，不安と恐怖から我を忘れて，サバイバルモードが発動してしまうことがあります。そして，それは時に虐待や体罰などの悲劇を生みます。子どもたちの攻撃性をやわらげ，トラウマを癒すために，大人たちはこれまでしてきたこととは少し違う対応をしなければなりません。

　子どもたちと真に向き合う「オーセンティックな態度」とただひたすらに子どもと「一緒に居る」ことの大切さを私はこの本から学びました。そしてそれは日々の臨床に生かされ，攻撃的な行動をとる子どもたちと対応するときに役に立っています。

　こういったセラピーをするためには，まず大人自身が自分とつながり続けること，自己調整ができていることが不可欠な要素になります。そのために何をすればいいか，この本がそのヒントを教えてくれています。

　私自身，診察室でトラウマ治療をする際，この本に学び，自分とつながり，できる限り子どものそばにきちんと「存在している」ようにしています。この本との出会いが自分の臨床スタイルを変え，治療効果の向上に確実に役立っています。そして，この本で学んだことは，大人の攻撃性にも同様に活かすことができ，攻撃性を抱える大人の方のトラウマ治療でも同じ姿勢で臨むことで，良い方向に道が開けていく経験をたくさんさせていただいております。

　本書の翻訳では，文言の選択に非常に苦慮しました。新しい概念を読者の皆様にどのようにお伝えしたらわかりやすいか？　言葉のセレクトには訳者の先生方と十分時間をかけて吟味しました。ところどころ日本語として訳しにくい箇所もありましたが，できるだけ原文の意図を大きく変えないように注意を払って訳しました。とは言え，意味が分かりにくかったり，読み取りの不十分な部分もあるかもしれませんが，どうぞご容赦ください。

　本書はプレイセラピーの中での子どもの攻撃性をどう取り扱うのか，というテーマで書かれておりますが，セラピストのためだけの本ということではなく，いろんな人にとって為になる本だと思います。タイトルに示すように，プレイセラピーを実施する心理士やOT，ST，PTなどの療育に関わるセラピストはもちろん，攻撃性やトラウマを抱えた子どもたちに寄りそう医師，看護師，学校の先生などの専門家や，そういった子どもの子育てに奮闘する親御さんたちや児童養護施設の職員，里親さんなどにも読んでほしいと思います。その際，「プレイルーム」を「家庭」や「学校」などと置き換え，「プレイセラピー」を「日常生活」「学校生活」などと置き換え，ご自身の文脈にあった形で活用していただけると幸いです。

　本書が日本語版として世に出ることができたのは，愛情に満ちた訳者の先生方の丁寧で献身的な翻訳のおかげです。一緒にこの作品を作ってくださったことに，心より感謝申し上げます。また，私の監訳作業が遅れたために，出版までに随分と長い時間がかかりましたが，訳出までの間，根気強く待ってくださり，たくさんの的確なご助言を与えてくださいました岩崎学術出版社の長谷川純様，塚本雄一様にも深く感謝申し上げます。

　最後になりますが，この本を手にした皆様が，子どもの攻撃性と上手に向き合い，絶望を希望に変え，平和で幸せな未来が開けてくることを心から祈りつつ…。

索　引

人　名

Badenoch, B.　62, 110, 111
Bargh, J.　80
Bryson, T.　88

Chartrand, T.　80

Dales, S.　60
Demartini, J.　70, 138
Di Pellegrino, G.　97
Dispenza, J.　29

Fadiga, L.　97
Fogassi, L.　97
Fonagy, P.　88

Gallese, V.　97
Ginott, H.　88
Gottman, J.　88

Iacoboni, M.　97, 98
Iyengar, B. K. S.　84

Jerry, P.　60

Kabat-Zinn, J.　83
Kestly, T.　95

Levy, A. J.　88

Marci, C. D.　62
Minton, K.　86

Ogden, P.　86
Osho　91

Pain, C.　86
Porges, S.　40
Post, B.　88

Schore, A. N.　29, 50, 61, 83, 88, 110, 111
Siegel, D. J.　78, 88, 89, 110, 111

Target, M.　88

Zahavi, D.　97

事　項

あ行

安全と養育　90
医療トラウマ　63
AAI　72
オーセンティシティ　11, 104, 106, 107, 112
オーセンティック　5, 6, 8, 9, 59

か行

外部調整器　26, 49, 56, 58, 71, 141,
　182, 183, 189, 190
解離　134, 182
感情の洪水　132〜135, 137〜140, 142,
　143, 181, 182
虐待　63
救済欲求　67, 68
共感性疲労　77
共鳴　78
グラウンディング　156
交感神経　8, 12, 132, 134, 137
　──優位　134, 140
攻撃的プレイ　6〜9, 12, 13, 15, 17, 18,
　180
　──の観察　144
凍り付き　36
凍りつき反応　35

さ行

Synergetic Play Therapy　11, 18, 37,
　77, 106, 110, 160, 184
情動調律　58
身体の声　87
セットアップ　91
相互修復　139

た行

耐性の窓　26, 40, 56, 62, 75, 132, 133,
　135, 183〜185, 187, 190
タッチ　64
調整キャパシティ　61
低覚醒状態　165
闘争／逃走反応　35, 36, 38
同調（attune）　58, 61, 63, 75

な行

二重注意　67, 147
二重の自律神経の活性化　38
ニューロセプション　26, 40, 135, 137,
　142

は行

背側　134, 181
背側迷走神経　38, 40, 42〜44, 133,
　140
　──系　8, 12
　──反応　36
バウンダリー　113
恥の内在化　25
腹側ブレーキ　40
腹側迷走神経　40
　──系　61, 62, 69, 186
　──反応　36
武道　64
不動化反応　35
プレゼンス（存在）　78
扁桃体　30, 31, 43
崩壊反応　35, 39
ポリヴェーガル理論　40

ま行

マインドフル　65
　──ダンス　64
マインドフルネス　22, 83
ミラーニューロン　80, 97
　──システム　79, 90

や行

ヨガ　64

著者紹介

リサ・ディオン（LISA DION）

LPC（Licensed Professional Counselor），RPT-S（Registered Play Therapist-Supervisor）。

指導者，臨床的なスーパーバイザー。コロラドにあるプレイセラピー協会創設者であり代表であるとともに，Synergetic Play Therapy の創始者である。また Lessons from the Playroom の Podcast やウェビナーシリーズを主宰し，Naropa 大学のトランスパーソナルカウンセリング心理学科の非常勤職員をしている。2015年にプレイセラピー協会（Association for Play Therapy）の Professional Education and Training Award of Excellence 受賞。

監訳者略歴

三ケ田智弘（みけだ　ともひろ）
児童精神科医。
熊本大学医学部を卒業後，熊本大学医学部附属病院等で小児科医として勤務の後，児童精神科医に転向。アメリカノースカロライナ大学 TEACCH 部，肥前精神医療センター等での勤務を経て，2020 年より Medical Empowerment Station 陣屋の里院長として勤務（現職）。
専門は児童思春期領域，発達障害，愛着障害，トラウマ，親子治療，漢方治療など。

訳者略歴

重野　桂（しげの　けい）　1・10・14 章
臨床心理士・公認心理師。びわこカウンセリングオフィス代表。
北里大学大学院医療系研究科医療心理学（臨床心理コース）を修了。浜松医科大学精神医学講座にて心理研修生として勤務後，浜松市社会福祉事業団子どものこころの診療所を経て，2022 年 4 月より現職。専門は発達障害，児童虐待，発達性トラウマなど。

濱田純子（はまだ　じゅんこ）　2・9・11 章
東京大学医学部附属病院こころの発達診療部で，公認心理師・臨床心理士として勤務。
日本大学大学院総合社会情報研究科（人間科学）修了後，地域の家庭支援センター，保健センター等を経て，2008 年より現職。専門は，発達障害，早期療育，児童・思春期のトラウマ治療。

高橋政憲（たかはし　まさのり）　3・8・12 章
臨床心理士，公認心理師。静岡大学大学院人文社会科学研究科を修了後，地元である福井で臨床を開始。
専門はトラウマケア。県内の精神科病院，心療内科クリニック等の勤務を経て，現在は開業に向けて準備中。

丹野佑里（たんの　ゆり）　4・7・13 章
公認心理師。
大分大学教育福祉科学部人間福祉科学課程心理健康福祉コースを卒業。大分こども療育センターでの勤務を経て，現在は医療法人カメリア 大村共立病院にて勤務。
専門は，発達障害，トラウマケア。

淵野俊二（ふちの　しゅんじ）　5・6章・はじめに・イントロダクション
社会福祉法人浜松市社会福祉事業団子どものこころの診療所で臨床心理士・公認心理師として勤務。
鳴門教育大学大学院学校教育研究科学校教育専攻教育臨床コース修了。
乳児院や児童養護施設で心理士として勤務後，浜松市児童相談所児童心理司を経て，現職。
専門は児童虐待領域や発達性・複雑性トラウマの親子心理治療。

子どものトラウマと攻撃性に向き合う
―ポリヴェーガル理論に基づくプレイセラピー―
ISBN978-4-7533-1208-5

監訳者
三ケ田智弘

2022年10月4日　第1刷発行

印刷／製本　（株）太平印刷社

発行所　（株）岩崎学術出版社　〒101-0062 東京都千代田区神田駿河台 3-6-1
発行者　杉田 啓三
電話 03（5577）6817　FAX 03（5577）6837

ソマティック IFS セラピー
S・マコーネル著　花丘ちぐさ監訳
実践における気づき・呼吸・共鳴・ムーブメント・タッチ

内的家族システム療法スキルトレーニングマニュアル
F・G・アンダーソン他著　浅井咲子／花丘ちぐさ／山田岳訳
不安，抑うつ，PTSD，薬物乱用へのトラウマ・インフォームド・ケア

レジリエンスを育む──ポリヴェーガル理論による発達性トラウマの治癒
K・L・ケイン／S・J・テレール著　花丘ちぐさ／浅井咲子訳
トラウマを癒す神経系のレジリエンスと調整

「巻き込まれ」に気づいて子どもを不安から解放しよう！
E・R・レボウィッツ著　堀越勝監訳
親のための子どもの不安治療プログラム

実践・子どもと親へのメンタライジング臨床──取り組みの第一歩
西村馨編著
メンタライゼーションに基づく治療の現場での臨床実践報告と考察

成人の発達障害の評価と診断
東大病院こころの発達診療部 編著
多職種チームで行う診断から支援まで

子どもの「やり抜く力」を育むワークブック
E・ネボルジーン著　大野裕／宇佐美政英監訳
認知療法のスキルで身につく成長型マインドセットとレジリエンス

改訳 遊ぶことと現実
D・W・ウィニコット著　橋本雅雄／大矢泰士訳
時代を先取りしたウィニコット最後の論文集

新版 子どもの治療相談面接
D・W・ウィニコット著　橋本雅雄／大矢泰士監訳
待望の新版！ 卓越した治療技法と臨床感覚を生き生きと再現